鄭石岩作品集

大眾心理館

心靈成長

8

國家圖書館出版品預行編目（CIP）資料

活出豪氣來：提升心靈健康，孕育快樂人生／鄭石岩著 . -- 二版 . -- 臺北市：遠流 , 2012.06
面；　公分 . --（大眾心理館）（鄭石岩作品集 . 心靈成長；8）

ISBN 978-957-32-6990-8（平裝）

1. 修身 2. 生活指導

192.1　　101008798

大眾心理館
鄭石岩作品集・心靈成長 8

活出豪氣來

提升心靈健康，孕育快樂人生

作者：鄭石岩
執行主編：林淑慎
特約編輯：趙曼如
內頁設計：雅堂設計工作室
發行人：王榮文
出版發行：遠流出版事業股份有限公司
100 台北市南昌路二段 81 號 6 樓
郵撥：0189456-1　電話：2392-6899　傳真：2392-6658
法律顧問：董安丹律師
著作權顧問：蕭雄淋律師
□ 2012 年 6 月 16 日　二版一刷
行政院新聞局局版台業字第 1295 號
售價新台幣 240 元（缺頁或破損的書，請寄回更換）

ISBN 978-957-32-6990-8

ylib 遠流博識網
http://www.ylib.com
E-mail: ylib@ylib.com

大眾心理館・鄭石岩作品集・心靈成長 8

鄭石岩 著

活出豪氣來

提升心靈健康，孕育快樂人生

總序

我的創作歷程

鄭石岩

寫作是我生涯中的一個枝椏，隨緣長出的根芽，卻開出許多花朵，結成一串累累的果子。

我寫作的著眼點，是想透過理論與實務的結合，來闡釋現代人生活適應之道，提倡正確的教育觀念和方法，幫助每個人心智成長。透過東西文化的融合，尋找美好人生的線索。我細心的觀察、體驗和研究，繼而流露於筆端，寫出這些作品。書中有隨緣觀察的心得，有實務經驗的發現，有理論的引用，也有對現實生活的回應。在忙碌的工作和生活中，我採取細水長流，每天做一點，積少成多。

從第一本作品出版到現在，已經寫了四十幾本書。這些書都與禪佛學、教育、親職、心靈、諮商與輔導有關。寫作題材從艱深的禪學、唯識及心靈課題，到日常生活的調適和心智成長，都保持深入淺出、人人能懂的風格。艱澀冗長的理論不易被理解，特化作活潑實用的知識，使讀者在閱讀時，容易共鳴、領會、受用。因此，這些書都有不錯的評價和讀者的喜愛。

每當演講或學術討論會後，或在機場、車站等公共場所時，總是有讀者朋友向我招呼，表達受惠於這些著作。他們告訴我「你的書陪伴我度過人生最困難的歲月」，或說「我是讀你的書長大茁壯的」。身為一個作者，最大的感動和安慰，就在這些真誠的回應上：歡喜看到這些書在國內外及中國大陸，對現代人心靈生活的提升，發揮了影響力。

多年來持續寫作的心願，是為研究、發現及傳遞現代人生活與工作適應的知識和智慧。所以當遠流規劃在【大眾心理館】裡開闢【鄭石岩作品集】，期望能更有效服務讀者的需要，並囑我寫序時，心中真有無比的喜悅。

我在三十九歲之前，從來沒有想過要筆耕寫作。除了學術論文發表之外，沒想過要從事創作。一九八三年的一場登山意外，不慎跌落山谷，脊椎嚴重受創，下半身麻痺，面臨殘障不良於行的危機。那時病假治傷，不能上班，不多久，情緒掉到谷底，憂鬱沮喪化作滿面愁容。

秀真一直非常耐心地陪伴我，聽我傾訴憂慮和不安。有一天傍晚，她以佛門同修的立場警惕我說：「先生！你學的是心理諮商，從小就修持佛法；你懂得如何助人，也常常在各地演講。現在自己碰到難題，卻用不出來。看來你能講給別人聽，自己卻不受用。」

我聽完她的警語，心中有些慚愧，也有些省悟。我默然沉思良久。我知道必須接納現實，去面對眼前的困境。當晚九時許，我對秀真說：「我已了然於心，即使未來不良於行，也要坐在輪椅上，繼續我的教育和弘化工作，活得開心、活得有意義才行。」

她好奇的問道：「那就太好了！你準備怎麼做呢？」

我堅定的回答：「我決心寫作，就從現在開始。請你為我取參閱的書籍，準備需要的紙筆，以及一塊家裡現成的棋盤作墊板。」

當天短短的對話，卻從無助絕望的困境，看到新的意義和希望。我期許自己，把東方的禪佛學和西方的心理學結合起來，變成生活的智慧；鼓勵自己，把學過的理論和累積的實務經驗融合在一起，成為活潑實用的生活新知，分享給廣大的讀者。

邊研究邊寫作，邊修持邊療傷，健康慢慢有了轉機，能回復上班工作。歷經兩年的煎熬，傷勢大部分康復，寫作卻成為業餘的愛好。從一九八五年出版第一本書開始，所有著作都經秀真校對，並給予許多建議和指教。有她的支持，一起分享作品的內容，而使寫作變得更有趣。

住院治療期間，老友王榮文先生，遠流出版公司的董事長，到醫院探視。我送給他一本佛學的演講稿，本意是希望他也能學佛，沒想到過了幾天，他卻到醫院告訴我：「我要出版這本書。」

我驚訝地說：「那是佛學講義，你把講義當書來出，屆時賣不出去，你會虧本的。這樣我心不安，不行的。」

他說：「那麼就請你把它寫成大家喜歡讀的書，反正我要出版。」

就這樣允諾稿約，經過修改增補，《清心與自在》於焉出版，而且很快暢銷起來。因為那是第一本融合佛學與心理學的創作，受到好評殊多。爾後的每一本書，都針對一個現實的主題，紮根在心理、佛學和教育的學術領域，活化應用於現實生活。

禪佛學自一九八五年開始，在學術界和企業界，逐漸蔚成風氣，形成管理心理學的一部分，企業界更提倡禪式管理、禪的個人修持，都與這一系列的書籍出版有關。

後來我將關注焦點轉移到教育和親職，相關作品提醒為師為親者應注意到心理健康、學生輔導、情緒教育等，對教育界也產生廣泛的影響。教師的愛被視為是一種能力，親職技巧受到更多重視，我的書符合了大家的需要，並受到肯定，例如《覺．教導的智慧》一書就獲頒行政院新聞局金鼎獎。

在實務工作中，我發現心靈成長和勵志的知識，對每一個人都非常重要。於是我著手寫了好幾本這方面的作品，許多家長把這些書帶進家庭，促進親子間的和諧，並幫助年輕人心智成長；許多大學生和初踏進社會的新鮮人，都是這些書的讀者。許多民間團體和讀書會，也推薦閱讀這些作品。

唯識學是佛學中的心理學，我發現它是華人社會中很好的諮商心理學。不過原典艱澀難懂，於是我著手整理和解釋，融會心理學的知識，變成一套唯識心理學系列。此外，禪與諮商輔導亦有密切的關係，我把它整理為禪式諮商，兼具理論基礎和實用價值，對於現代人的憂鬱、焦慮和暴力，有良好的對治效果。目前禪與唯識，在心理諮商與輔導的應用面，不只台灣和大陸在蓬勃發展，全世界華人社會也用得普遍。每年我要在國內外，作許多場次的研習和演講，正是這個趨勢的寫照。

二十年來我在寫作上的靈感和素材源源不絕，是因為關心現代人生活的適應問題和心理健康。我從事心理諮商的研究和實務工作超過三十年，個案從兒童青少年到青壯年及老年都有；類別包括心理調適、生涯、婚姻諮商等，我也參與臨終諮商及安寧病房的推動工作。對於人類心靈生活的興趣，源自個人的關心；當我晤談的個案越多，對心理和心靈的調適，領會也越深。

我的生涯歷練相當豐富。年少時家境窮困，為了謀生而打工務農，當過建築工、水果販、小批發商、大批發商。經濟能力稍好，才有機會念大學。後來我當過中學老師，在大學任教多年，擔任過簡任公務員，也負責主管全國各級學校訓輔工作多年，實務上有許多的磨練。

我很感恩母親，從小鼓勵我上進，教我去做生意營生。她在我七歲時，就帶我入佛門學佛，讓我有機會接觸佛法，接近諸山長老和高僧，打下良好的佛學根柢。我也很感恩許多長輩，給我機會參與國家科技推動工作長達十餘年，從而了解社會、經濟、文化和心理特質，是個人心靈生活的關鍵因素。如果我觀察個案的眼光稍稍開闊一些，助人的技巧稍微靈活一點，都是因為這些歷練所賜。在寫作時，每一本書的視野，也變得寬博和活潑實用。

現在我已過耳順之年，但還是對於二十餘年前受重傷所發的心願，珍惜和努力不已。希望在有生之年，還有更多精神力從事這方面的研究和寫作。寫作、助人及以書度人，是我生命意義中很重要的一部分，我會法喜充滿地繼續工作下去。

《活出豪氣來》

目錄

總序／我的創作歷程……4
新版序／做個快樂的生活好手……13
原序／追求美好的人生……16

壹 拓荒的豪氣……21
新的挑戰……23
需要豪氣……29
培養拓荒的豪氣……32

貳 勤儉與振作……45
勤儉的智慧……47
勤儉是幸福之路……48
儉約的益處……50
培養勤奮的豪氣……52
培養儉約的智慧……59

叁 人生的豪興……63
積極豪氣過一生……64
人生四季各不同……71

肆 珍惜與自豪……81

珍惜人生……83

當自己的主人……92

提升自我功能……98

成功的生活……103

轉識成智……109

解開倒懸……113

莊嚴之美……118

伍 開拓與成長……125

依賴到自立……127

平凡的才氣……132

在生活中開悟……140

除舊布新……146

自勵和自立：肯定你自己……150

陸

敬業與善群 157

敬業精神 159

和敬善群 165

錢、生活與工作 171

親子之愛 177

柒

歡喜的豪情 183

心生歡喜 185

防範情緒逆轉 193

超越懼怕 203

對付心理壓力 212

獨處之道 220

自由的心情 225

捌

生死大事總須參 231

人生的開悟 233

愛惜人生 236

新版序

做個快樂的生活好手

在我們傳統文化裡，對一個年輕人的期許，就是要他們活得有豪氣。表現出樂觀、活力、能幹、有解決問題的能力。他們不但有好的品格，並有著助人的勇氣和仁愛的襟懷。在一九六〇年代的台灣鄉下，對於這樣的年輕人，會受到很大的肯定，說「這個年輕人很有豪氣」。事實上，這些被肯定的年輕人，也真的不負眾望，向上提升自己的能力、經驗、品格和修養，在不同領域，創造了亮麗的事功，促進政經、社會和文化各方向的發展，寫下輝煌的台灣經驗。

這些有豪氣的人，不是天生的，而是透過學習、歷練和心靈的修養，發展他們的正向性格來的。他們累積了許多長處和美德，孕育了樂觀的思考模式，以及堅忍不拔的活力。他們透過創造和實現抱負，帶來快樂。累積成功的經驗，讓自己的信心和自我效能得以提升。分析他們的性格特質包括：

● 願意負責，具有行動和執行力；他們不斷學習新知，累積成功經驗，所以適應環境的自由度很大。

● 發展良好的個體性；他們了解自己，接納自己，並充分發揮自己的潛能。他們從近及遠，步步踏實，持續開展其長處和才華，以實現其抱負。

● 建立良好的人際支持；他們願意自我延伸，有愛心有正義，肯關心和幫助別人，於是形成更多創意，帶來更多快樂。

● 懷抱有意義的信念和信仰；發展出寬闊的襟懷、內斂的修養，以及堅定的人生信念，有著穩固的心靈生活和自在感。

從心理的角度來看，豪氣是一個人樂觀、能幹、品德和休養的來源。於是，我結合了禪學的心要、心理學的研究，以及多年來個案晤談的心得，對豪氣做了分析和解釋。我相信這本書對個人生活品質的提升、潛能的開發、事業的開展、家庭生活和教育子女，都會有助益。此外，在個人生命意義的參透上，也會有所開啟。

我們的文化裡，時時叮嚀大家要學習做人做事；要存好心、做好事、說好話。但在教導上往往從灌輸和說教著手，結果頂多只能成為被動的遵從者，而不能成為主動的實踐者。培養豪氣，則能讓我們在做人做事上，真正展現主動性。在存好心、做好事、說好話上，展現活潑的智慧和創意。

豪氣能帶給我們生活、學習和生命的主動性。它讓我們變得樂觀。有活力接受種種挑戰，並維持身心的健康。透過豪氣，可以進而拓展正向的情緒，這對於現代人應付沉重的壓力，有很大的助益。此外，透過豪氣的培養，更可以陶冶正向的性格特質，健全自我功能，使精神生活更加豐富。

我相信《活出豪氣來》這本書，能幫助你培養正向的人格特質，帶給你喜樂和良好的回應力，做個成功的生活好手。

原序

追求美好的人生

生活在自由開放的社會裡，並不是容易的事。在傳統的農業生活中，沒有分歧的價值觀念，所以用不著為判斷煩心；沒有快速的社會變遷，生活上用不著經常改變調適；沒有激烈的市場變化，用不著擔心失業。但是，現在我們生活在自由的社會，變遷的自由經濟，像是波濤洶湧的活水激流。你應該欣賞它的多變之美，但你也要有勇氣和實力去適應、去成長，否則就會被大浪捲走，或無力泅進，困乏失力，而被波濤吞噬。

人需要豪氣，才能培育強實的活力，振作剛毅的精神，展現充沛的豪情，讓自己懂得在人世中瀟灑地隨波逐浪，而不是無奈地隨波逐流；讓自己的知識與經驗日日增長，壯大自我功能，活出自己的使命感和人生的莊嚴之美。

人都想追求幸福，這是正確的，是天經地義的事。但是，如果不從克服困難中尋找幸福，幸福就會被困難吞噬；如果不肯吃苦耐勞爭取成功，那麼成功必然會被痛苦腐蝕。豪氣就是一個人願意面對困難，努力去克服它的智慧與態度。

在禪學裡，禪師在地上畫兩條線代表人生的路，說：這一條路是易行的，即刻可以享受的；另一條是難行的，必須肯努力才有豐收。請弟子回答應該選擇哪一條。甲弟子說「我選擇易行門」，乙弟子說「我選擇難行門」，丙弟子猶豫許久，舉棋不定，不知如何是好。老禪師說：

「易行門心中有病，難行門畢竟成功，舉棋不定是蹉跎歲月的昏暗。」

許多人凡事拈輕怕重，不肯踏實去下功夫。由於怕苦而規避許多該面對的問題。他們不肯檢討，無心改過。所以在心智、學識和經驗能力上，得不到開展；相對的他們的信心和豪氣也就黯淡無光。憂鬱者是染上這種壞習氣造成的，這是易行門的陷阱。

我們的社會，隨著經濟的發展，生活富裕了，游手好閒的人多起來，勤奮努力的風氣不再受到重視，遇到難題不肯努力承擔，結果怠惰奢靡的習氣普遍瀰漫，許多心理上的病態由是而生。依我的觀察，精神官能症、生活不能適應、情緒失調等等，都是正當受苦的代替品。他們的錯誤就在於寧願選擇退卻，而不願意去接納和面對現實，所以說易行門者心中有病。至於整天渾渾噩噩的人、無所事事的人，徬徨和空虛將使他們的人生化作灰暗。

我們不難發現許多人兢兢業業的工作，踏踏實實的成長學習，他們不但工作努力，待人也夠熱心，在身心上表現出健康與豪氣。他們未必個個富有、地位出眾，但他們的生活幸福，享有真正的樂趣和豪氣。

人生不是有名利就有幸福，許多富有的顯貴，在精神生活上比一般人更空虛、更痛苦。在我的心理學研究中發現，豪氣可使人精神振作、樂觀和積極思考，這是健康和幸福的關鍵。有豪氣的人，肯面對問題，他們在失敗中學習成功的經驗，在別人的成功裡分享新知和快樂。

豪氣能令人擺脫匱乏、貪婪、怠惰和無知的習氣，它是力爭上游、克服困難的難行門，是成功人生的保證。

我們的社會性格和文化，正迅速在蛻變中。我不知道那將會是什麼結果，但卻可以肯定地告訴大家；我們需要加添一些豪氣，否則這次社會變遷，將會出現道德的低能、低迷的奢氣。在飛躍的經濟發展歷程中，必然要遇上亂流，但是我們必須用豪氣來超越它。

我是一位樂觀的社會現象觀察者，深信在一個開放自由的社會裡，有一種自發性調整的功能，但我也知道，它必須具備一股豪氣，一種心理分析學上所謂的求生的動能，只有透過它，才能越過現狀，奔向光明。

我很關心我們社會性格的改變；如果勤勞被怠惰取代，我們就要淪入低迷；如果過去傳承的拓荒豪氣被安逸奢靡掩蓋，必然要呈現一片頹廢和痛苦；如果樂觀求實的風氣被荒誕的縱慾貪婪所掩蓋，那麼黑夜就將到來。但我相信我們不會如此，我們有豪氣，也有信心，去開創新的前景。

這本書是為了幫助大家培養豪氣而寫的，它的目的是提供個人培養豪氣、振作精神力量的方法。書中部分文章，曾經在《普門雜誌》及《中國時報》家庭版連載。現在我把它系統化整理成書，希望給讀者帶來豪氣，創造美好成功的人生。

壹

拓荒的豪氣

人生的歷程好像拓荒一樣，注定要面對許多困境，接受許多挑戰，然後才看到光明前景。因此，我們要培養生命的豪氣，去披荊斬棘，克服九磨十難，才能實現美好的人生。

豪氣令人積極振作，勤奮不懈；也能使人不畏艱難，勇於任事，開拓創造，讓自己活得充實有意義。豪氣是一種光明的精神力量，能給我們信心，孕育生活的動力。更值得重視的是，它是生活與工作的智慧，能引導人走出泥淖，重新看到新的願景和希望。

三百多年前，我們的祖先遠渡重洋來到這個島嶼，赤手空拳，沒有財富，沒有前人引導，他們憑藉什麼越過在當時堪稱遼闊的台灣海峽？他們憑藉什麼一步一步、篳路藍縷、披荊斬棘地完成拓荒工作？走過那段遍地荒蕪的艱辛歲月，而後建立起自己的家園。我想，他們憑藉的不是別的，正是一股豪氣，一股支撐理想、鼓舞希望的豪氣。因為只要有豪氣，他們相信手中捧的觀世音菩薩、背上背的祖先牌，會引導他們到一個嶄新美好的未來。今天，台灣在歷經割讓給日本，並受日本統治達五十年之後，能具有如此的規模與成就，端賴一份堅強的精神力量。這精神力量其來有自，正是我們的祖先脈脈相承的那股豪氣。六十多年前，政府撤退來台，懷著生聚教訓的勤奮，進一步把台灣導向繁榮和成功，推向自由民主的樂土。十年來，台灣經濟成為風行海外的模仿對象，經濟奇蹟造就了無數的財富，打響了國際性的名氣，一切一切都是萬丈豪氣下的成就。

然而，光芒的背後，卻是隨著驕傲而來的隱憂：我們正面臨了第二個荒蕪的世紀。為什麼呢？過去，我們的豪氣帶領著我們過一種勤奮不倦、努力不懈的生活，豐沛的精神力量引導我們改善生活，創造財富。如今我們卻無力善用這些財富，反讓財富削弱我們的豪氣，使我們變得頹廢不振，變得奢侈徬徨。這就是今天我們所面臨的那一片「精神生活的荒地」。現在，正是我們需要重振拓荒豪氣的時候。

新的挑戰

此刻，我們正面臨著新的挑戰。過去，豪邁是我們共同的性格，勤勞和踏實是大家同有的精神與智慧。這些特質留存在教育裡，在企業文化裡，在每一個家庭，乃至於婚喪喜慶的儀式上。它鼓勵我們振作、進步、繁榮和創造；隨之帶來豐收。如今豐收的碩果，在貪圖享樂的生活中，卻給新的一代帶來奢靡和頹廢。我們的真正問題是失去豪氣，失去精神生活的光和自由的心靈。

社會普遍瀰漫著奢靡和好高騖遠的風氣。每天下班，華燈初上，許多地方燈紅酒綠。這些人為什麼不願意多留點時間給自己的家人，給自己的子女，教導他們心智成長，或者抽點時間看書，做點進德修業的事？台灣地區名酒的消費量竟於全世界名列前茅，特別是白蘭地酒的飲勁，連生產的法國人看了都要瞠目結舌。過去，日本人曾分析出，法國在殖民地時代因為喝了太多美酒，所以國勢越來越弱。今天，我們拚命的享受美酒，性格上流露著驕傲和好高騖遠的特質，而下一代的年輕人，正顯露著眼高手低的虛幻與浪漫。請留意！以我一位從事教育及心理工作者的經驗來看，我們的前路，正橫躺著一個大陷阱，我們卻帶著三分得意七分醉意，毫無警覺地往它接近。

我們已經逐漸失去不怕苦的豪氣，年輕人的成長本來就有一些壓力。成長需要努力，而且是艱辛的歷程，生活本身就需要具備肯承擔的勇氣才活得快樂、有興致。但是我們卻把心理學家所說的，不要把自己的野心轉移給孩子太多壓力，誤會為無須給孩子生活教育與訓練。我們的青少年，連做家事、修整家具、待人接物、灑掃進退之類的事，都不教了。在學的學生除了讀書之外，一切荒廢；除了升學之外，幾乎沒有什麼生活學習。至於那些功課學不來的孩子，就更學不到東西，更覺得空虛、徬徨了。

野心的壓力、眼高手低的無能感，使許多人鋌而走險：而那些耐不住空虛的青少年，為了掙脫痛苦，卻在毒梟的引誘下，陷入吸毒的泥淖。吸毒不是青少年自己本來就會的自我麻醉伎倆，那是成人教的。這個社會，在成人世界裡顯露著道德無能和冷漠的精神現象，只求功利，可以不顧後果，只貪圖享受而不顧道義。電動玩具店是大人開的，雛妓是成人要她去幹的；而成人生活中的離婚率，更顯示對子女不負責的表現。我們的離婚率居高不下，也表現著對其子女成長的不負責任。

暴力是人類行為中最原始的衝動，搶奪和掠誘潛藏著邪惡的心機；犯罪率提高表示不能接受規範約束的衝動。這些現象的背後是一種心靈的不自由，一種被物慾奴役的無常和悲愴。這對於一個試圖走向自由開放的社會而言，是一種嚴重的挑戰和倒退現象。我們該捫心自問，究竟是為了自由而活下去，還是要當物慾的奴隸而苟延殘喘。

政治和經濟的自由化，給我們一些新的希望和憧憬。但是，當我們擁有了言論、思想、人身、集會和結社等自由時，就應該自我警惕：我是否有一顆自由的心，去運用這些自由，使自己活得有創意、有尊嚴。然而，此刻事實已告訴我們，人們普遍把自由誤解成為所欲為。因此，我要提出呼籲的是「只要我喜歡，有什麼不可以」這個意識觀念，將會成為埋葬豪氣和創意的墓穴。

此刻，經濟上看來是富裕的，內心是赤貧的；社會看似安定，但許多人心中卻充滿著煩惱、困惑和不安。因為大家所重視的是追逐、占有和野心。仔細想想，無論你擁有多少財富，只要野心不斷膨脹，匱乏的心結就會浮現。貧窮在心理層面上是一種主觀的意識，你覺得不夠就是匱乏，覺得不知足不肯施捨去幫助別人，自己就陷在貧窮的心理狀態。

衣著風光，如果沒有豐富的精神生活，就會變得庸俗：如果失去豪氣，則更會流於虛有其表。食、衣、住、行的提升與改善，如果沒有豪氣，那就是暴發戶的俗態。隨著這種俗態，政治自由會變成蠻橫和無理，弱肉強食的野蠻行徑將會出現。隨著豪氣的失落，開放的社會會製造更多的擾攘和不安。

我們的危機正出現在反叛的罅隙裡。這個社會，頹廢正對著豪氣反叛，享樂正對著勤奮反叛，貪婪在對恬淡和活力反叛，勞方在對資方反叛，資方在對經營的智慧反叛。就另一個方面來看，個人在對社會反叛，浪漫的愛情在對實益的婚姻反叛，神秘的宗教在對正信的宗教反叛，頹廢的意識在對振作的精神反叛。

頹廢加上反叛的性格，會使我們坐吃山空，失去許多競爭的優勢；它不但會破壞我們的社會安寧，也會影響大家的生存之路。

在佛經中有二則故事值得我們去深思。

在《百喻經》裡，有這麼一段故事，是佛陀做為訓戒子弟的一個比喻：

有一個人，得到了一把芝麻，當他將芝麻炒熟之後，發現那芝麻香味四溢，可口到了極點。於是他想：「若是把炒熟的芝麻拿去播種，那麼再生出來的芝麻豈不更香了嗎？」因此，他將所有的芝麻炒得熟透，然後悉數拿去播種。結果自然是一株芝麻也長不出來，希望完全落空。

諸位，我們現在所擁有的財富，正如那炒熟的芝麻香。我們切莫沉醉在這香味之中，而懈怠了我們前進的腳步，切忌以一種逸怠的投機懶散代替過去刻苦有為的豪氣。

佛經裡還有另一則更發人深省的小故事，那是記載在《阿含經》裡的一段神話說：

最初的人類並非住在我們現在居住的地球，而是居住在大梵天裡，那是一個逍遙自在的樂土。但是不知足的人類漸漸感到不滿意，便開始離開大梵天，四處流浪。當時他們個個身上都帶著光，帶著豪氣和活力，在這悠悠的宇宙中漫遊。

終於，他們來到了這個娑婆世界——地球。當時的地球，散發著一種酥香的氣味，一種誘人的氣味，就像花香吸引蜜蜂一般地，這些人類漸漸地不飛了，他們急著攫取地球上各種好吃的食物，占有他們想要的東西，他們的貪婪終於使他們都漸漸地失去了光，失去了豪氣，也失去了原來的自由，終致無法再重返大梵天。

諸位，這二則故事透露著一個訊息，那就是，如果我們只是汲汲於從事享樂的生活，只想保留最後的芝麻香和酥香的氣味，而不肯認真、積極地深化我們生活的意志和豪氣，那麼最終的結果便是一無所獲。

我們將再度面臨一個新的拓荒，我們需要豪氣。無論在教育、文化、政治和經濟上，都需要豪氣這股力量。如果我們不重拾這股力量，我們就超越不了這個新的蠻荒。

需要豪氣

我們再也不能把炒熟的芝麻當種子，而要用有生命的種子來下土。我們當然不能在富裕的社會裡，養成貪婪和野心，以致眼高手低，令自己成為流浪漢。這是禪學所給我們的警惕。因此，我們要試圖改善慵懶的社會風氣、頹廢的精神生活，要培養振作的豪氣。然而，什麼是豪氣呢？我認為豪氣有以下四個要素：

第一，豪氣的心智特質是活潑的。這好比一架水車，當它要發生最大效益時，必定是一半浸入水中，一半騰空，否則不是容易被水沖走，便是輕飄飄地只是空轉而打不出水來。同樣的道理，豪氣是思想的靈活運用，需要活絡的空間，而非用淺見、偏見、刻板的思想把思想和意志扼殺。人只有在活潑自由時，才能舒展才華，才能如水車一般，源源不絕的盡其所能。因此，肯變通、肯思想、肯創造，就是生命的豪氣。

第二，豪氣必須奠基在真實上。人只有認清自己，確實掌握自己，方有所成。好高騖遠或妄自菲薄都無法成事。宋朝時，有一位禪師和三位弟子一起夜行，禪師的手中提了一盞燈。忽然起了一陣強風，燈便熄滅了。禪師於是對弟子們說：「轉下一句。」這句話的意思是詢問弟子們下一步該如何做。三位弟子都說了各自的看法。其中一位只說了三個字「看腳下」，這就是禪門裡有名的公案「腳下功夫」。這位弟子便是後來《碧巖錄》的作者佛果禪師。他的意思是要我們腳踏實地，相信自己，靠自己的豪氣活下去。

第三，豪氣是生活的行動力。生活尤其要著重精神的力量。比如有些人突然擁有了一大筆財富，非但沒有為他帶來生活上的舒適快樂，反而令他陷入一個懶散、痛苦的淵藪。財富對他們而言，成為生活的惡魔。每個人都需要行動力，去面對生活的挑戰。有了它，不論處於順境或者逆境，都能應付自如，堅持下去。當人有一股篤實的行動力時，自然會有豪氣形諸於外。

第四，豪氣必須具備自覺的能力。有覺醒能力的人，才能夠不受別人的誘惑，才能活得踏實。我們的社會正流行著一種東施效顰，或者跟著別人盲從的風氣。他們不做清醒的思考，不願做自己生活的主人，好像別人說的、做的、有的，都是好的。他們統統接受，相對的，自己卻成為沒有主見的人。這就是造成是非不分、原則不能堅持的主要原因。

據我所知，許多人原本反對投機的行為，可是卻經不起周遭朋友的鼓動，最後也加入了這個原本自己所不認同的投機行列。舉凡吸毒、逃稅、不守公共秩序、缺乏公德心等等，都是這樣形成的。

綜合上述，我們可以說豪氣是由活、實、力、覺四個因素組成，能做到上述四點，我們就具足了豪氣。

培養拓荒的豪氣

歷史學家湯恩比（Arnold Toynbee, 1889-1975）告訴我們：整部歷史，即是文明的記錄。而文明的成長建立在挑戰與反應上。一個文明或一個國家，當她成長時，困難會不斷地自四面八方接踵而至。如果她能夠因應難題，拿出勇氣，克服每個迎面而來的挑戰，那麼，阻力反能成為助力，每項挑戰在被解決之後，就成了這個文明的新經驗，滋養正在成長中的文明，使之再茁壯、再進步。文明如是，人的成長亦如是。每一個人只要往前走，必定會面臨挑戰、困難，只要能克服它，便能成長。

我們目前所面臨的種種社會問題，同樣需要我們齊力解決；否則，這些個問題，便會如巨獸般地吞噬我們已造就的成果。個人、社會或者國家想要拓荒振作，我想，須從下列幾個方向著手去培養豪氣：

能夠得高分的，我們就認為他很好，考不到高分的學生，便認定他不是好學生。於是孩子的成績不好，就要背負著別人認為他很笨、很愚蠢的枷鎖——這是一種苦刑——會使得一個成長中的孩子羞愧地抬不起頭來，致使他無法認真的生活。這是今天的教育怪現象。

事實上，就連父母親對子女都是如此。每一個孩子天賦不同，各有特點，怎麼可以用同樣試題的考試成績來比較，怎麼可以只教一樣的東西，而不去考慮啟發不同的潛能呢？在這樣的情形之下，我們等於是要求每一個孩子在同一個標準上去做比較。諸位，您認為這實在嗎？這根本不實在，這種教育是不公允的、不實在的教育。

再看看企業界是不是很講求實際呢？同樣的，我們的企業界也是充滿了不實在的現象。當我們工資開始上漲時，照理應該是開始改變生產製造的時機了。然而，並非如此，我們想到的是進軍大陸，是到東南亞去運用廉價的勞工，自己不願長進，定下心來看清自己的實業需要如何努力才能進步，反而一古腦兒的往外跑。我們的鄰國日本，他們沒有一古腦兒往外「撈」。日本人是根據他們自己的情形，不斷地提升，做精益求精的工作。相形之下，我們就可知道，台灣企業界的不踏實是何等嚴重了。

踏實，就必須謙虛，肯自我檢討，肯花時間和經費去研究發展。然而，我們的社會性格，似乎正瀰漫著浮誇和傲慢，這是我們的病根。請注意，踏實必須先把姿態放低。

當你走路的時候，若是趾高氣昂地踮著腳來走路，必定搖搖晃晃，走不長久。反之，你很踏實地來走，你的腳步就能很穩健，維持的時間也較久。再如你與別人面對面互相推一推對方，如果你能夠蹲下馬步，那麼別人也就無法推倒你了。因此，當你的重心穩固時，便愈貼近地面，愈貼近地面，你便活得更加踏實。人的修行與精神生活也是一樣的，紮實的時候正是成長的時候，低姿態正是你不斷奮發的時候。無德禪師有一首詩說：

手把青秧插滿田，
低頭便見水中天；
身心清淨方為道，
退步原來是向前。

這告訴我們，退的本身時常是進的另一個形態。同樣地，肯花工夫認真踏實的人，絕對比三步併做兩步的投機取巧者，成就更為可觀。一定要踏實才能夠培養出豪氣來。

用積極來展現豪氣

每一個人的心中都有一個太陽，當心中的陽光如時展現時，生活便會充滿朝氣。一旦，這太陽被物慾的雲層遮住，無法綻放光芒時，人的心靈便會感覺孤單、寒冷，甚至孤立無援。人之需要豪氣，非僅與他的身體有關係，跟他的情緒更是密切相關，而這豪氣具備了之後，工作往往輕鬆順利，身體康朗，整個人就豪邁起來了。因為當內心裡有太陽，光亮就會照耀著他，溫暖著他，光明著他，給他力量。人如果失掉了那份積極之氣，也就失掉了那份豪氣。失掉豪氣的人，當他遭遇困難時，便會不堪一擊地不支倒地。

我們該如何培養一個人的積極之氣呢？第一，要有一張藍圖。人在他的一生之中，要有一份人生的藍圖，一個崇高的人生抱負，要清楚地知道自己實現的理念是什麼。人一旦對自己的目標有很清楚肯定的認知之後，便能振作起來，去成就自己的理想。所以，一張人生藍圖是十分重要的。第二，要鞭策自己。人總是有一點惰性的，應竭盡所能地從各方面訓練、鞭策自己，正如愛的教育不同於「溺愛教育」一樣，正確的訓練是成長和成功的保證。

用創造來增長豪氣

在日常生活中，如果你稍微留意一下，便可發現創造無所不在。什麼叫做創造呢？創造的意義並不只是創造一個新的產品。創造是創造生活，在日常生活中，表現創意，生活就豐富化了，愉悅的事情也就展現在眼前。你不疾言厲色待人，就能創造好的人際關係；能以欣賞的眼光去待人接物，心境自然好起來，這都是創造，都能給你無盡的豪氣。

將創造運用在管理上，就是發掘人才，身為主管，最重要的是如何將部屬的創造力激發出來，而不是事事指點。一位有創意的主管，會把目光放在部屬的優點，給他支持和讚許；對於缺點，引導他去自我檢討；等他自己發現盲點時，及時又給他支持和肯定。在這種激勵下，部屬的信心增強，各個才華容易展露。你想培養人才或奴才，全在你肯不肯用創意。

除了管理之外，我們的文化也需要創造。以前我們常講文化復興，以從事人文科學研究的觀點來看，我認為不該叫文化復興，而是一種文化創造、再造，文化的再生。我們必須把儒家的文化，經過科學的、心理學的、文化學的角度，重新賦予新的生命，讓它變成現代人生活上所需要的思想指引，成為現代生活上所需要的智慧。這樣，儒家思想的文化才真正地又回到我們的心靈，回到我們的生活，真正能入乎耳，箸乎心，布乎四體，行乎動靜，那叫做創造。如果我們只是再回去訓詁，那麼我們不能做創造。總之，不論是政治的、經濟的、文化的、產業的，或者個人精神生活，都必須透過創造，使其具備有活力的豪氣。

用成功來肯定豪氣

有了成功就能肯定自己的豪氣。人要積小勝成大勝，以小的成功去建立大的信心，那就有豪氣。一九八六年美國蓋洛普民意測驗（Gallup Poll）調查過一千五百位成功的美國人，這些成功人士，有企業家、宗教家、科學家、政治家等等，他們調查什麼特質使這些人成功。在這篇報告中，發覺有五個特質最為重要。那就是明白事理、廣博的知識、多方面的能力、好的生活習慣和工作習慣、毅力。茲說明如次：

要明白事理。追求成功的人必須要懂得如何跟人溝通，懂得與其他人保持良好和諧的關係，唯有明白事理、有同理心的人才能與人充分交換意見，真正產生創意。

廣博的知識。這一千五百位成功者，每個人一年閱讀的書籍平均是十九本書，還不包括報章雜誌和專門性的報告。最近，美國也曾經做過一個調查，有五分之一的美國人，一個禮拜買一本書，十八歲到三十四歲的人平均每人每週買二．六本書，請問，我們呢？我們多數人讀書風氣不夠，求知的那份豪氣不足。

多方面能力。一般人有不喜歡多方面訓練自己能力的習性，總認為那是多餘的。事實上，一個人不具備多方面的能力，就無法適應變遷迅速的社會。人一旦發覺自己適應不來時，他就注定要敗下陣來的。那時後悔總是太遲。具多方面能力的人，適應力強，在任何環境裡，都比較能夠掌握先機。

幹練的工作習慣。你一定要培養好的工作習慣和好的生活習慣，也要有好的讀書習慣。好的生活習慣才有好的健康，好的工作習慣才會把工作做好，好的思考習慣才能很清楚地明辨是非，這些都和成功是一體的、離不了關係的。請留意，要把能力訓練成為習慣，使用它時，才會嫻熟地運用出來，這不但是成功的保證，也能令你駕輕就熟、得心應手，減低你的擔憂和工作壓力。

培養毅力。鍥而不捨的毅力是成功的保證。毅力需要容忍的功夫，不過，毅力和容忍不是硬撐，而是把目前無法完成或有困難的目標，重新調整時程，改正檢討做法，然後堅持去完成它。

用困境來磨練豪氣

困境是我們磨練豪氣的最佳時機，突破今天的困境，就能培養下一步的豪氣。禪家告訴我們，不經一番寒澈骨，哪得梅花撲鼻香？這正是以困境來磨練豪氣的最佳寫照。

人生不可能沒有困境，如果你不肯去克服它，就永遠不會有成功。人的豪氣完全奠基在對困境的態度上。肯面對困境，並視它能帶給你新的經驗和新的機運，困境反而成為希望的開端；相反的，如果一味想規避它，那麼你的創意就得不到拓展。

困境引導一個人去拓荒，去開闢新的世界，去尋找幸福。我喜歡看傳記，我知道每一位成功的人，都對困境抱著積極的態度。他們開著大門迎接它，然後想辦法克服它、解決它。我們必須注意，逃避困境無異放棄成功。有一位企業家說，景氣再好，也會有人破產失敗；景氣再壞，仍然會有人賺錢成功。我認為關鍵點就是豪氣。

婚姻生活也是需要豪氣的。有些人在夫妻感情不睦時，會面對問題，去找家庭諮商專家幫忙。他們一起接受指導，重新建立幸福的家。至於缺乏豪氣者，他們死心塌地想逃避和放棄，眼睜睜地看著家毀人散。我經常告訴找我的怨偶，婚姻不全是一種享樂，更重要的是接受磨練，從中學習，創造幸福家庭之道。最近，有一對夫妻在學會重新面對幸福時，寫了一張字條，表示他們的心得說：「人間逆旅，艱苦數年，原是一場磨練；雨過天青，一輪高陽，帶來開闊與豪氣。」我很高興看到他們能接受生活的磨練，能再度看清他們的生活真實面。

用休閒來保持豪氣

這個社會是忙碌的、競爭的，所以一定要懂得休息，藉此才能維護我們的豪氣。企業家艾科卡（Lido Anthony Lee Iacocca）告訴我們，他說，每個週末假期，他必定跟家裡的人一起去休閒運動，這樣才好培養下一個禮拜的朝氣。休閒的英文是 recreation，就是重新再創造我們的創意。所以，在忙碌的生活當中，必定不要忘記找時間讓自己完全的放輕鬆，好好的休息「充電」一下。

禪者把緊張忙碌的生活比作握緊自己的拳頭，那是為了工作、生產和生活。也用放開手掌來表示休息、轉換和重新出發。所以禪師經常用握拳和放鬆來表示生活的律則。

人必須有時間運動，有空閒散步和旅行。平時家居要有時間跟家人閒聊，聽聽孩子和家人的心聲，當然也要能敘敘你的感懷。對我來說，飯後沏一壺茶，是我休閒和家居清閒的開始。每天，都要抽出時間和親人閒談，那是享受和情感的交流，也是一種悠然的閒適。在那閒適之中，我們享受生活，也各自涵養第二天的工作活力和豪氣。

我們的社會正面臨著精神生活的重新調整。過去我們的經濟生活困難，因此打起精神去工作，去創造財富，才有今天的豐收。過去，我們因為肯做卑微的工作，才培養出豪氣與自尊。現在我們自以為高貴，不少人卻變得眼高手低，失去豪氣，失去勤苦自立的創業精神。

我們現在所需要的就是豪氣：要訓練自己肯承擔，也要訓練自己肯努力。在民主社會裡，每一個國民都是國家的主人，民主政治所以能持續，國家所以能長治久安，就需要有豪氣的主人。這時候，我很擔憂我們的未來，擔憂我們的同胞是否能重振祖先們傳遞給我們的豪氣。

此刻是決定我們未來前途的時候，我們可以選擇豪氣，讓自己承受人生所應有的負擔，肯在富裕的現有基礎上構建雄偉的未來，或者選擇頹廢，讓沃土化作荒蕪的廢墟？如果願意選擇前者，那就從現在開始，沃壯自己的豪氣，好開闢一個全新的樂土。

貳

勤儉與振作

生命的存續是艱難的！為了活下去，人必須辛勤的工作；為了發展和成長，必須努力克服挑戰，設法解決許多難題。所以勤奮肯吃苦的人，不但精神生活充沛，福報也多。勤奮的人健康有活力，前程樂觀，處處展露著豪氣。反之，好逸惡勞的人，會逐漸消沉、墮落。

勤奮代表一個人肯為自己的生活負責，是一位肯擔當、不敷衍塞責的務實者，他們肯在失敗中尋找教訓和經驗，肯在順遂中打下更廣的根基，更重要的是他們有一種鍥而不捨的樂觀和傻勁。當別人笑他們不懂得享受時，他們卻暗暗地告訴自己：工作本身就是一種享受。依我的觀察，這些人的幹勁是多方面的，他們不但工作得好，家居和教育子女都很成功。你千萬不要把勤奮誤以為是工作狂。

在勤奮之外，還需要一種智慧，那就是儉樸。儉樸的人，生活單純，懂得集中心力；他們不奢侈浪費，深知無欲則剛的妙趣。儉樸使一個人能集合心力和財力，去創造更多有益於社會大眾的事業。無論是企業家或慈善家，他們都深通此道。做為一個普通的人，儉樸更是知足喜樂之道。所以勤儉是中國人一向重視的生活智慧。

勤儉的智慧

勤儉是亟待恢復的生活智慧。第二次世界大戰後，大家是辛苦的，我們胼手胝足地努力創造，才有今日的成就。我們用了許多精力和時間，在田裡、在工廠、在海邊、在海上努力工作，造就了今天的經濟奇蹟，政治及社會也更文明、發達。我們的國民所得，由一百多美元到今天超過二萬美元。過去的生活水準是低落的，現在提高了；過去的建設是簡陋的，現在不論在軟體、硬體建設都相當的進步，而政治、社會的建設，也正方興未艾。

過去的努力，就像培植了一棵大樹，庇護著我們步上坦途，也為台灣的人民締造光明的前程。今天，我們經濟上看似繁榮，但在這棵大樹庇蔭下，慢慢出現頹廢的現象：包括貪婪的習氣、好高騖遠的心態，整個社會顯得不踏實，勤儉之風慢慢褪失。我們可以看到整個經濟活動，生產力正逐漸下降，從事勞力的人口、生產線上的人口減少，而游手好閒的人越來越多。年輕人在性格上，養成不負責任的態度，不願腳踏實地去開創未來，去奠定紮實的基礎，慢慢地學會了奢靡、浮誇的習性。

在文化上，處處也顯得貪婪、浪費。一客西餐、一桌餐點可能要幾萬元，這不是奢靡嗎？手上戴的名錶珠寶動輒幾十萬元，這不是浮華嗎？在社會性格上，人與人之間的距離疏遠了，埋頭苦幹肯做事的人，越來越抱持觀望的態度。這些不良的社會現象和風氣，須賴重建勤儉的美德、能力和生活智慧，才能改善它。

我們必須把四十年來的豪氣，有成就感的那份清涼的感覺，揮汗的努力精神，重新振作，並讓自己更勤奮。不只要恢復勤奮的精神，更要在科技上去發揮；不只是精修成長，更要在多元化文化社會中各自努力；不只是像過去那樣，單打獨鬥的「打拚」，更要群策群力的合作；不只是在科技硬體上建設，更要在軟體、文化上下功夫；我們不只是尋回過去的樸實之風，更要有博雅的風氣。總之，不只是要恢復勤儉的習慣，更要有勤儉的新價值觀念。

勤儉是幸福之路

心理學家弗蘭克（Viktor Frankl, 1905-1997）是研究人文心理的學者。他認為只有不怕苦、有能力解決問題的人，才是成長的、幸福的。如果一直逃避痛苦，就不會成長，精神生活貧乏，人生不快樂。所以他主張要成為健康的人，就要懂得吃苦，懂得吃苦的人，精神生活一定是快樂的。

釋迦牟尼曾向弟子提出苦、集、滅、道四個字意思是什麼呢？人的生活、生命本質是苦的，要接納它、面對它，要能解決問題。如果只想逃避它，一味地想用「拖」字訣，以為時間拖過去了，問題就會消失，痛苦就能解決，那就大錯特錯。拖延問題只會累積更多問題，因為第一個問題沒解決，第二個、第三個一直累積起來，那是集合了更多的問題和痛苦，那就是「集」。結果更多的挑戰來煎熬你，使你更有挫折感，那是「壞苦」，苦中加苦，最後弄得身心俱疲，這是「苦苦」。於是整個情境開始破壞，生活開始頹廢，使人不能真正的成長。如果社會整體是如此，那麼社會就會亂，經濟就會蕭條。就一個企業的經營來說，也是一樣的。企業要成功，要步上康莊大道，就要克服困難，懂得吃苦耐勞。要消除痛苦就需要刻苦耐勞的光明性。

所以釋迦牟尼告誡弟子，一個人要活得健康、幸福，就要吃苦耐勞。不論做什麼事、經營什麼事業或在任何工作崗位上，都要懂得吃苦。唯有能面對問題、解決問題，遇到錯誤立刻改正，才是成功之「道」。佛陀告訴我們苦、集、滅、道四聖諦，就在指引我們勤奮吃苦。而且佛陀告訴弟子，人不只是要養成一種真正吃苦的習慣，還要把它當做是一種修行，吃苦耐勞是精神生活的核心，這是佛教教義的基礎。至於中國儒家的精神，何嘗不是提倡勤奮，要有鍥而不捨的態度呢！

幸福的第二條路是「儉」。儉樸、儉約的生活方式，使一個人內心感到豐足，我們常說知足常樂，有恬淡修養的人，他永遠會滿足、喜悅。而物慾越多，想要享受和占有的也越多，他的內心會感到越匱乏。一個內心有匱乏感的人，就是一個貧窮的人。所以富有或貧窮，並不是看他擁有多少財富，而是在於是否有節儉的習慣。一個節儉的人，他是富有的；一個浪費的人，他永遠不富有，而且會慢慢走向貧窮，內心常有貧窮匱乏的感覺。

儉約的益處

儉約的生活，使人恬淡、內心安靜，一個恬淡、內心安靜的人，有何長處呢？就現代心理學的研究，我提出以下三點：

有清醒的回應能力。我們無論是經營企業、推動政府計畫或者是為個人的人生努力工作，首先一定要有清醒的頭腦，才能夠去蒐集各方資訊，加以整理，做為研判和決定目標的根據。在心理學上我們稱為要有良好的感受性（sensitivity），這樣在待人處世上，才有較高的警覺性，才能判別瞬息萬變的市場為何？才能了解社會的現象和脈動如何？我們常說無欲則剛，「剛」不只是剛強的意思，還包括剛強的智慧。生活儉約恬淡的人，才會有較強的同情心、同理心和感受性，才能清楚地處理複雜的事。

心胸開闊、**包容不同意見**。儉約的人比較不易被物慾沖昏頭，他們比較寧靜。能夠從不同的角度來想問題，在潛意識中不會排斥不同的經驗，所以他的經驗、感情都是開放的，在待人處世上，才能群策群力，用不同人的優點來辦事。

懂得生活。生活恬淡儉約者，較能著眼於生活本身就是生活的目的。他不需要靠很多的享受，來安慰自我，或是為自己裝腔作勢。所以他是務實的，他的幸福是建立在他有解決問題的能力上，故較具建構生活能力。儉約能帶來智慧，能解決問題，勤儉是一種人生哲學，也是一種智慧和能力。

培養勤奮的豪氣

從心理學的觀點來看勤儉，它是一種心智能力，是生活適應所不可缺的豪氣或精神力量。至於如何培養勤儉呢？培養勤奮須朝以下幾個方向努力：

從積極想像著手

積極的人能看到人生的光明面，做事就不會畏縮，能朝著正面的觀點去努力。他充滿著幹勁、朝氣，能勤奮地朝向目標努力，而且目標本身也會鼓勵著他向前邁進。哈佛大學曾針對一個企業中級幹部的訓練班，就其成員加以觀察、記錄和追蹤，發現在哈佛受訓完後，那種平常有積極態度和想法的人，在幾年之後，逐漸由中級幹部，擢升到高層領導者。而那些消極、沒朝氣的人，慢慢被淘汰了，證明了積極才能導致成功。

美國的科技奇才費曼博士（Richard Feyman, 1918-1988），也就是查明「挑戰者號」太空梭失事原因的科學家，曾在傳記中記載一個故事：在一九五〇年代時，他到千里達島遊覽，他要計程車司機載他到當地的貧民窟去。到達之後，司機向他介紹一位印度來的老婦人，那位婦人的小孩在馬里蘭大學念醫學系。另外，又介紹了兩位印度來的老婦人，正在用她們剛買來的縫紉機縫衣服。那位黑人司機就問費曼博士：同樣在貧民窟生活的人，印度人就懂得好好培養下一代，或是懂得努力工作改善生活，而我們黑人就不知道長進！為什麼？

費曼博士告訴他：我不是社會學家，所以沒辦法很正確回答你的問題，但是我想可能的原因，在於印度人有幾千年的宗教、哲學傳統，他們現在雖離開了印度，但仍保有開創未來、培養子女的觀念和態度，這是他們民族的遺風。而你們黑人同胞，很不幸地沒有這種傳統，或者本來有這種傳統，但因為曾經被征服、被奴役，以致後來失去了此一光榮傳統。

黑人司機深覺費曼博士此話有理，就決心努力，打算先去賭賽馬，贏了錢就可買一部計程車自己開。但費曼博士告訴他：你的用心雖值得欣賞，但賭馬的做法卻是錯誤的，因那是建立在運氣，而不是靠腳踏實地。費曼博士所講的，就是一種積極性、光明性的問題，也就是踏實、勤奮的豪氣。

苦幹實幹的精神

一個肯吃苦的人，才能享有福氣。宗教家的眼光中，吃苦的人有福了；在中國的傳統裡，勤儉是一種美德；在佛家的故事中，也常主張人不能生活得太如意，要多吃苦。苦幹實幹，才能體會成長的喜悅。愛默生（Ralph Waldo Emerson, 1803-1882）在他的文集中提到，人的才能就像土壤，要不斷的耕耘，才能成長茁壯，才有豐收和長進。在一些成功的事例中，無論是事業上、學術上、工作上成功的人，都是建立在願意苦幹、實幹的豪氣上。

《讀者文摘》的創辦人華萊斯（Dewitt Wallace, 1889-1981）雖然只有中學畢業，但他一心一意地想要做一些事情。他喜歡閱讀、做雜記，把看過的文章、資訊記錄下來。後來他發現為何不把它印成雜誌，讓很多人可以很精要地得到想要的資訊。基於這樣的理念，經過許多折磨、困難，終於奇蹟式地發展出現在的《讀者文摘》，這個奇蹟是建立在苦幹實幹的豪氣上。

克萊斯勒汽車公司前總裁艾科卡，自大學畢業後，就勤奮地工作，他能使瀕於破產的克萊斯勒汽車公司，轉敗為勝，是靠著苦幹實幹才能成功的。台灣的企業家中，辜振甫先生曾說：

「有人看我時常優游自在的樣子，其實背後的努力，常不為人所知。」他把自己比喻為鴨子划水，表面上優游自在，兩隻腳卻在水中不斷地划，這樣子的努力，一般人都沒看到。所以我們常羨慕別人有成就、事業成功，其背後苦幹實幹的精神，我們卻沒有看到。

企業家王永慶先生也認為企業的成功，是在苦幹實幹的精神。他說要開一家冰淇淋的商店，要選在冬天時來開，因那個時候，顧客最少，所以就要接受各種的磨練，想辦法經營起來。這種經營的智慧，就是來自苦幹實幹的豪氣。

不僅企業家提倡苦幹實幹的精神，宗教家星雲大師，在一次演講中，提出成功的人生，須具備改、受、敢、思四個條件。「改」就是改正錯誤，才能發現新的解決問題的方法。「受」就是受苦，接受挑戰和別人的恥笑，有時當我們要以苦幹實幹的精神來做時，別人會笑我們傻，此時千萬不可卻步，要能忍受別人的冷言冷語，勇敢地邁出步伐，以苦幹實幹為樂，別人怎麼說，那是別人的事。「敢」是敢承擔責任，敢用自己的智慧去判斷。「思」是用腦筋思考，才能解決問題。這種改、受、敢、思就是一種成功之道，也是一種苦幹實幹的豪氣。

星雲大師這番話我聽後感受很深。我認為這幾年來，政府的建設不斷地成長，所編的預算也越來越多，但在執行預算和推動計畫時，是否都能改正錯誤、求長進？是否能接受批評、面對現實和用腦思考？星雲法師以一個出家人來看，是看得很清楚的，政府公務的推動應把握改、受、敢、思四個字。

企業上計畫的推動，也要靠苦幹實幹來執行，這能使員工有熱情、有豪氣和有鍥而不捨的活力。除此之外，仍需有一中心觀念，像松下公司松下幸之助主張員工要有使命感，台灣王永慶的台塑企業文化是「追根究柢，實事求是」，這些都是吃苦的精神。我們每一個人在工作崗位上、社會在進步的立場上、國家在發展的過程中，最怕的是停頓，所謂「不怕慢，只怕站」，如果站著不做，就不能進步。

不斷吸收新知、提升經驗

在工業化的社會裡，做什麼事都需要專業知識，甚至連生活本身也是自己的專業，而不是愛怎麼過，就怎麼過，否則會趨於墮落。因為人沒有生活的方向和智慧，就不可能是振奮的、積極的，就不會感到踏實和成長的喜悅。所以不論在工作上、生活上、事業上，要不斷吸收新知，才能提升經驗。

我非常敬佩李國鼎先生，曾有幸和他共事十幾年，我敬佩他一個月能看十幾種雜誌和多本專業的書，報紙上的專論他更不放過。更奇妙的是，他認為重要的，他會要求部屬也看。而做為他的部屬常會發現，一篇還沒看完，另一篇又交下來了。而部屬已經覺得很多了，但這只是他看的一部分而已，他讀的書是那麼多。我從李先生那兒學到了，人要有廣博的知識，才能解決問題，那就要靠閱讀了。

我讀愛默生的文集，作者提到他每天閱讀，並把心得記錄下來，做為思考、寫作和待人處世的參考。在清晨時，他會把前一天的記錄再看一遍，這種好學的精神，值得學習。在目前快速進步的社會，知識是有其時效性。柴松林教授在一次演講中，提到知識是有「半衰期」的，一個人大學畢業後，在五至十年內若不知再學習、再長進，則他可能如同沒念過大學一樣，因為他的知識之適用性已經衰退，不再是解決問題的工具。社會上要培養吸收新知的風氣，那麼個人也會受文風的影響，追求新知、富有豪氣。

講求效率，注重休閒

我們要經常評估自己做事的效率如何？是否在預定的時間內完成預定的目標？甚至要確實做到量化的標準，有精確的數字做為依據，才能評估進度超前或落後。心理學家指出，要提高效率可從幾方面著手：

- 在一天的早上，把當天的計畫擬定好，依時間進行當天的工作。
- 要分辨事情的輕重緩急，依其重要性、迫切性做一適當的安排。
- 須善用時間，把一天當中最精華的時間，用來處理較吃重、較需要縝密思考的事情。
- 一個人不僅要講求效率，且要兼顧休閒，而不是工作狂。只知工作而沒有休息，日子久了會疲乏，創造力會減低。人要像彈簧或橡皮筋一樣，有彈性，能夠伸縮。兼顧效率與休閒，才能使事情做得好，又做得久。

人要培養勤奮的豪氣，它是一種生活幸福的能力。這種能力要從積極與想像著手，吸收新知與經驗，秉持實幹、苦幹的精神，並講求效率與休閒，如此才能提高勤奮的豪氣。

培養儉約的智慧

勤儉是由勤奮與儉約二者組成，勤儉的人耐性好，持續力強韌。他們的生活簡樸，專注力夠，所以有傑出的成就。

培養單純、儉樸的生活態度

在我們的生活中，有太多的奢靡與享受，以致人淪為物慾的奴隸，容易受外物引誘，因而常會判斷錯誤，甚至一失足成千古恨。生活儉樸的人，才能內心平靜、恬淡。台灣目前有很多人喜歡鋪張、誇張、造勢，產生許多的紛擾而節外生枝。單純的生活習慣，使我們的思考能集中，智慧、精力不會分散，做事情才容易成功。一個人年紀越大，越會懂得單純的思想和言行，懂得用簡單的方法去處理複雜的事情，於是會顯得很自然、很開朗，所謂「水滴石穿」的工夫，就是集中精神做事，這種對工作、對人生的執著，是來自於單純的理念。

二十世紀最偉大的科學家愛因斯坦（Albert Einstein, 1879-1955）曾留下一個故事：有位農夫希望將來他的兒子能像愛因斯坦一樣，成為偉大的物理學家、哲學家，於是就寫信問愛因斯坦，要如何來栽培他兒子。愛因斯坦回答那個農夫，提到人生的最大價值，並非是由野心所產生，而是來自對人生、事物的熱愛。一旦你要讓兒子成為哲學家、物理學家，那麼你就不單純、有野心。正確的做法是單純地幫助這個孩子，和他一起生活、學習、成長，讓他成就他應有的人生，而非讓他成為愛因斯坦。

培養恬淡的心境

恬淡的反義詞就是貪婪，一個貪婪的人是好高騖遠的、物慾心重的。而恬淡的人，心中有一種自在感，肯腳踏實地一步一步去工作，而不是每天在那裡挑剔。他常常看到事情的光明面，不會老是抱怨待遇太低，因此反而能把事情做得好，而且更有成就。

培養正確的價值觀

越懂得儉約的人，他的生命越有活力。就像要買一部車子，一定要挑耗油少且跑得快的。在人生的性能上，若得消耗很多的財貨，才能滿足物慾，才會感到快樂，那你將像是一部耗油的車子，性能很差。一個經常需要別人鼓勵、掌聲和肯定，才會覺得光彩的人，是不夠堅強的。一個人凡事能看光明面，不需要外在的肯定，而能自我成長，他不需很多物質的東西來滿足他，所以能活得自在。一個儉約的人，他對物質、自然資源的消耗，將降到最低點，是一部最省油、性能最好的車子。節儉的人生，也是最有活力的人生。

我們過去的辛勤努力，使經濟繁榮了，而交出了一份漂亮的成績單，當其他的國家經濟蕭條衰退時，我們受到的影響較少，這是因為國民內心有一份勤儉的豪氣與智慧。但是目前社會似乎有了新轉變，開始顯得浮誇、奢靡，勤儉之風消失。特別值得我們注意的是，我們的產業外移嚴重，資金外流增加，又缺乏在高級技術上紮根；此刻我們面臨過去所未有的挑戰。我們要時時提醒自己、振作自己，提倡勤儉的智慧和豪氣，才能引導自己，也引導社會走向光明面，使在既有的成功基礎上，邁向更大的成長新紀元。

叁 人生的豪興

人生四季都應該活得有豪氣、有光彩、有活力。一生歲月，從幼到老，大略可把它分成四個階段，比喻成春、夏、秋、冬四季，是很貼切真實的。人生這四個階段的身心狀況、奮鬥目標、意識型態、承擔的責任、適應的方式都不相同，每個階段都有其努力的重點，而個別差異更是紛繁無限，但是每一個人終其一生，也有應該奉行不渝的準則。現在我要從心理諮商的經驗和普遍的觀察，融合心理學和佛學的研究心得，對人生四季，提出幾點建設性的意見，供讀者做任遊人生、培養豪氣之參考。首先要討論的是每個人終其一生應該奉行不渝的準則，其次討論人生四季各個不同階段的努力重點。

積極豪氣過一生

多年前，我跟隨淨空法師學《華嚴經》，這部大經是討論宇宙人生、待人接物、內學修證、無所不包的曠世巨構。有一天，上完課之後，我陪師父喝茶閒談，引用當天講述的主題問道：

「人生歲月，從生到死，離不開總、別、同、異、成、壞六相，那麼人生的每一不同階段，要用什麼不同的態度去對應？」

他很懇切的回答說：

「要用光明禮照去成就各個階段的不同；就好像一年四季，風光景致各不相同，但陽光總是禮照著，它是生生不息的根源。」

我又問：

「人生又怎樣才能光明禮照呢？」

他說：

「每個人心中都具足毗盧遮那佛性。只要你不逃避，它就能照亮你的心靈世界，孕育不可思議的精神力量。」

這是《華嚴經》的主要教誡之一。毗盧遮那佛性就是每個人心中的太陽，它能溫暖你，給你光明，給你熱能和活力。它能給你生命的豪氣。當你失敗的時候，它會安慰你、鼓勵你，令你再度振作起來。當你迷失煩心時，它會照亮你，讓你看清事理，踏出光明的新境。透過它，我們能振衰起蔽。因為它，我們懂得避免錯誤，勇於改進。有了它，我們才能創造幸福和成功。

由於工作的關係，我接觸過許多令我尊敬的政要、修行者、傑出的商賈和市民。我發現他們所以擁有健康的人生和成功的事業，正因為他們的性格中，像清泉一樣不斷流露著光明、積極和豪氣。

另一方面，在我從事心理諮商的經驗中，也有足夠的觀察和資料，可以佐證一個事實：當一個人自性中的光明豪氣被壓抑下來時，銳氣便低迷晦暗起來，那正是時運不濟、憂愁煩惱揮之不去的原因，所以，我深信唐朝禪宗大師藥山的生活銘言：

灼然一切處，
光明燦爛去。

每個人要把光明的心智，當做一生奉行不渝的法則。能善於涵養它的人，必然能把人生之春、人生之夏、人生之秋、人生之冬，各個階段活得光彩充實。現在，我們從普遍的觀察中，提出積極豪氣的要素：

- 積極的思想和態度。
- 不停的求知。
- 豐富的愛心。
- 對自己誠實。
- 明白苦的意義。

首先，豪氣是指一個人具有積極的思想、勤奮的態度和鍥而不捨的習慣。人唯有肯面對問題，願意動腦筋去解決它，才有成功和心智的成長。一味想規避問題，替自己找藉口，找下台階的人，永遠揮不去失敗的噩運。積極者的特性是：不斷的思考和行動。

其次，有豪氣的人生需要豐富的知識。人生的任何階段都是嶄新的，過去你曾擁有豐富的知識，未必能應付現在發生在你跟前的新問題，因此必須不斷的求知。許多人忽略新知的學習，到了年老的時候，幾乎與社會脫節，而陷於孤立與寂寞。有許多學者已經提出警告：知識是會衰敗的，如果你從學校畢業後，就不肯繼續求知進修，那些舊知識會逐漸衰變成一堆破銅爛鐵，毫無用處，那與無知沒有什麼不同。

其三，有愛心就有豪氣。你能自愛，就能鼓舞自己，讓自己不斷的成長，訓練自己貝備好的生活習慣和工作習慣，去成就你要成就的一切。自愛的人也必然會愛他的家人，營造家庭的溫暖和幸福；同時能關心別人、體諒別人，而享有好的人際關係。心理學的研究指出：成功的人生和事業建立在好的人際關係上。大部分的成功，都是從良好的人際關係中孕育出來的。緣起緣滅是人生的實相，成功和幸福是具足因緣之後而起；一旦緣散了，一切復歸於空無。

第四，就心理健康而言，對自己誠實是一個律則。每一個人必須充分了解自己，坦誠接納自己，照自己的條件去生活，去實現人生；有幾分能力做幾分事，有什麼資源就訂什麼目標。人不可能照別人的方式生活，一心一意要跟別人比較，想活出別人的樣子的人，無異天天在貶抑自己、否定自己，他的情緒不安，自我陷於困窘，無疑要陷入極度痛苦之中。

第五，生活的本質是苦。人為了活下去必須吃苦，為解決問題必須吃苦，為求知和成長也必須吃苦。要先吃苦去解決面臨的難題，接著才享有歡喜和快樂。如果誤把生活的本質視為享樂，一切從享樂著眼，不肯承擔，不願負責，處處拈輕怕重，生命的火焰會漸漸熄滅，豪氣和活力漸漸消失，人生就陷入虛弱無力的癱瘓。吸毒、酗酒、賭博乃至精神症狀，都是「避苦情節」所造成的。他們寧可享受眼前一點安逸，懶於為自己生命的燈火添上一些燃料，終究要走向黑暗。

人生的任何一個階段，都必須用光明的心智去生活，它給你力量，給你信心、勇氣和好運道。而這些心智是可以培養訓練得來的，只要你肯，就一定辦得到。

此外，我還要提醒讀者，在你的一生當中，必須懂得拿捏分寸，凡事中肯恰到好處，是培養豪氣、令你獲致成功的契要。宋朝的法演禪師曾給世人留下四誡說：

勢不可使盡，使盡則禍必至；
福不可受盡，受盡則緣必孤；
話不可說盡，說盡則人必易；

規矩不可行盡，行盡則人必繁。

我認為人生四季，從幼到老，都要避免竭澤而漁。我們當然要努力奮鬥，但過度工作會犧牲健康，禍害就出現。凡事逼人太甚，不肯留給別人空間或轉圜的餘地，再好的決策或事情也會變成災難。

福樂是每一個人都想享有的，如果你處處只想到自己的利益，就會眾叛親離；若過於耽於逸樂，不知節制，健康和成功的緣分就漸漸疏離；不該得的財富你處心積慮想擁有它，到頭來你會失去更多福報和機會。

與人溝通說話是該審慎的，攻擊性的話、絕情絕義的話、不給人尊嚴的話都要避免。無論你年齡如何，不好的言語往往使你的幸福生變。俗語說「禍從口出」，是很真實的。

做人做事，當然要循規蹈矩。不過，你如果死守著規矩而沒有彈性，不通情達變，就會變得拘泥，胸襟狹隘，內心變得煩瑣不安，生活適應也會發生困難。許多人習慣挑剔自己，一會兒責備自己的疏忽，一會兒懊悔自己說錯話，經常苛責自己，活潑的朝氣和自在感就盡失了。

人生四季，都必須是光明禝照、有豪氣，才快樂，要懂得適切調適自己，才有幸福，這是從幼到老都必須遵循的大道。

人生四季各不同

從青春年少到老邁晚景，各個階段都應該有生活的重點；就好像是春耕、夏長、秋收、冬藏一樣。如果青少年時代就不肯努力，嬉戲怠惰，求學奠基的時代稍縱即逝，將來想要力挽補救，付出就很大。如果不在成年、中年期間，接受多方面的磨練，壯年時代就不易發揮潛能。當然，你不能在人生的秋收之前有些成就，那麼晚年的黯淡和淒涼是很難避免的。現在我要分別就人生的春、夏、秋、冬四個時期，來說明所表現的豪氣。

人生之春

一生當中，最寶貴的時光是二十歲之前，從幼年、少年、青年到成年，這段時間心智的變化殊大。人格的型態和生理發育，在這段期間已大略定型。

道德判斷和基本的生活適應方式，也形成相當穩定的模式。我深信知識可以後來做補救學習，人格和基本行為模式系統，卻很難在往後的日子裡做修正。所以父母親要注意子女的教育，青少年更要知道自愛和自學。學習的重點是人格發展，其次才是知識的充實。要在生活中變化氣質，培養朝氣和道德實踐的習慣。一個人是否樂觀、負責、耐性和自發自動，端看這段時間的培養。人一旦具備上述人格特質，就等於奠定成功的人生。

大多數人都以為學歷和知識最重要，依我的觀察，人格才是首要，具備上述人格特質的人，自然懂得進修，努力學習，即使失學也會很容易就把所需要的知識和學歷補救過來。許多人在青年之前，處處獨占鰲頭，但越往後的日子，越是拓展不開來，最主要的原因是人格特質，須知孤芳自賞的人，得不到別人的協助；自我中心的人，聽不到別人的忠言；不肯負責的人，缺乏承擔的勇氣；人際關係惡劣的人，不可能受到重用；至於人格不健康或情緒有了毛病的人，就注定一輩子困窘。所以，我對青少年的建議是：

●學習做人和培養負責的習慣，更須注重健全人格的發展。

- 把握機會學習必要的知識和經驗，並留意拓展自己的興趣和視野。
- 訓練體能，健康使你在人生道上的腳程格外順捷。
- 注意情性和群性的陶冶；有豐富的感情卻不能縱情；有好的人際關係，卻不能群居終日言不及義。
- 要把你的反叛性轉變為獨立思考；要在任性中建立自我控制；要把脾氣化做豪氣。

人生之春不是只用來淘氣和拉風，而是在活潑和天真無邪中，學習成功走完人生的藝術和能力。人生之春不是只有浪漫的氣氛，同時也有其嚴肅面；只看到浪漫的人，注定要被怠惰的惡魔奪走幸福。唯有能同時看出嚴肅一面的踏實者，才能越過這個繁花似錦而多歧路的年頭，穩健的進入成年世界。

人生之夏

成年之後，人生進入一個現實的階段，他要面對成家立業的現實。為自己的理想和抱負奠定一展鴻圖的基礎，是二十歲到四十歲的人的生活重心，其成敗順逆是這個階段的人所最關切的。

在這個階段裡，每一個人都想要有個好事業。究竟好事業是什麼呢？怎樣發現自己最適合的職業呢？我的建議是：

- 找出過去生活經驗中，你認為成功或得意的事。
- 分析這些事例中，你所表現的能力、興趣和特質。
- 從上項分析中發現自己的價值觀究竟是屬於美感、人道、智能、經濟、權力、宗教和快樂中的哪一型。
- 根據自己的能力、興趣和價值觀來決定自己的職業。

選擇職業不能一味趕時髦，職業必須長期投注心力和智慧去經營，才會逐漸發展，步向成功。通常選擇自己有興趣同時具有該方面潛能的工作，比較能耐得住考驗、長期持續的經營，這是成功的基本條件。

成功需要努力和訣竅，我建議你把握以下的原則：

- 培養你的專才，沒有專長就不可能有出人頭地的機會。
- 訓練好的生活習慣和工作習慣，它是成功的條件。
- 具備廣博的知識和多方面的能力，所以你要自強不息。
- 待人處世要通情達理。

在這個階段，最容易犯的錯誤是把全副精神投注在事業上，而疏忽了家庭生活，等到事業略有基礎，婚姻生活卻發生難題。要記住：夫妻的愛是要慢慢培養的，不是撿現成的，成就幸福的家是要你去經營。天倫與家庭之樂是生活的重心，是你人生的船筏，如果你疏忽它，就會造成無根的漂泊。

特別是在子女教育上，你更不可掉以輕心。子女教育上的失敗，足以令你頭疼一輩子。子女教育成功，各個正常發展，你會感到無比的欣慰。中年以後，許多人的煩惱來源是不長進的子女。

當子女最需要你的時候，你不及時把握教好他，等到他定型之後，你想補救，就為時已晚。

人生之秋

人生之秋該是大展鴻圖的時候，家庭和事業都有一些基礎，閱歷和經驗豐富。這是一個可以放手發揮的年代，也是人生最雄渾有力的階段。

四十歲到六十歲左右的人，由於閱歷多，人際關係良好，創造力和判斷力強，所以做起事來攻守俱佳。有人說，創造力在三十歲以後逐漸衰竭，這是對於消極落魄不肯上進的人說的。一個正常發展的人，這時正是爐火純青。多數的科學家、文學家、哲學家、企業家和政治家，是在這時候才發揮他的創意，開始成就其豐功偉業。一般人也都在這個階段感受到一帆風順、左右逢源、事業有了基礎。這段時間，我的建議是：

- 要有具體的計畫和負責熱忱的態度去實踐它。
- 不斷充實新知；事業發展到一定程度，如果不充電，就會成為新事業的不適任者，從而敗陣下來。
- 知道廣結善緣，回饋社會，並培養家庭情趣。
- 懂得栽培、鼓勵和提攜後進。

●對人生有個清醒的體認和信仰。

人生之秋真是黃金的年華，看著自己有些成就，很容易躊躇滿志，因而花天酒地，感情糜爛者大有人在；醉心工作，疏忽保健，以致一病不起者也不乏其人。黃金般的豐收歲月，要開始注意第二生涯的規劃，才不至於年齡一到，驟然退休，不知所措。

人生之冬

老年是人生的第二春，所以心理學家稱它叫第二生涯。老年人最大的錯誤觀念是終養餘年，這種觀念很缺乏進取性，以致形成老年人的寞然孤寂。

老年人跟年輕人一樣需要自我肯定，需要一個明顯的目標或理念來引導，讓自己過得起勁有意義。然而，老年人的血氣漸漸衰退，體力不如從前，他要用心力和思想來補足體能的不足。除了少數企業家和政務官，他們仍可以在事業上發揮之外，大部分的人一到六十五歲，就必須面對退休。但必須告訴自己：

「第二個生涯正等著自己去開拓。」

許多人在退休之後不久，生活不正常，健康一落千丈。有些人成天在家裡悶得發慌，閒著無聊，對家人東挑剔、西責問，連家庭生活都破壞了，這怎麼會是頤養天年呢？所以，要培養第二生涯，退而不休，繼續運用自己的體力和腦力去工作。因為工作裡有無限的樂趣和生命的活力。對於老年人，我的建議是：

- 要有一個正信圓融的宗教信仰。
- 繼續工作，只要有意義、適合自己體力就行；許多社會公益的義工都值得去參與。
- 學習新知或技能，特別是藝術和宗教方面。
- 切忌把自己孤立起來，要保持與人交往。
- 忘懷過去的成就和地位，灑脫地活個現成。

陳立夫先生曾說，一個快樂的老人要具備四個「老」條件：老健、老伴、老友、老本。我認為除了要注意這四老之外，對於宇宙人生的開悟，以及從中看出精神生活的新希望，才是老人生活世界的最大幸福。

人生的旅程，對於中年以前的人而言，歲月是漫長的，未來是綺麗的，所以很容易在理想中飄浮，在浪漫中蹉跎歲月；對於壯年以後的人，已翻越人生的山脊，許多人驟然發現青春虛擲，油然而生不知惜取少年時的悔意。不過，無論你的年齡幾許，此刻是順是逆，都得打點旅途的行囊，向前跨出去，努力去展現光明的前景。

人生終究要走到終點，絢爛奪目的成就留不住你跨入另一個精神世界的步伐，因此，要懂得依自己的根性因緣去實現自己的人生，也要懂得跟別人分享自己的成就，這是歡喜的來源，是養壯自己精神生命的禪悅資糧。佛經上說：「悲智雙運。」

無論你的一生選擇什麼工作，你的遭遇和成就如何，都要用豪氣來沃壯自己的性靈，展現慈悲的生命力，應用智慧之眼，看出它的希望和豐收。然後才能跨入那高層次的精神世界，開始另一個新的旅程。這時你也會說：「我沒有虛度娑婆人間的歲月。」

肆

珍惜與自豪

發現你的優點，珍惜開發它，是成功人生的訣竅。

我認為自愛的人才有朝氣和活力，有自信的人才會有豪氣。豪氣顯然與一個人的生命力有關，它完全建立在人的自我功能上。自我功能好，能不斷解決生活上的問題，發現自己的優點，看出自己活下去的目標，就能活力充沛，信心十足。愛惜自己不是心理學上所謂的自戀或自我中心，而是珍惜自己所有的一切，好好地發揮它、擴充它，依自己的根性因緣去成長，活出自己的如來。

每一個人都應該要為自己的人生負起責任；依照自己的條件去成長、去生活、去享有生命的樂趣。而不是把自己變造成別人的樣子，照別人的藍圖去生活，那會否定自己實存的意義。這不但使你活得空虛窩囊，更會使你暮氣沉沉。

在這一章裡，我要強調的是：你有自己的人生使命，自己獨個兒要去完成的生命尊嚴。你不但要珍惜人生，當自己的主人，設法提升自我的功能，還要努力去實踐成功的人生，不要陷入倒懸，這才能體會到人生莊嚴之美的自豪。現在，我就這幾個方面加以闡釋。

珍惜人生

就生命的有限性而言，能活著就是一種福報，一種令人讚嘆的喜悅。但有許多人不懂得珍惜它，一天到晚挑剔東挑剔西，不滿這不滿那，他們失去歡笑，也失去生活的豪氣；他們把生活變成了煩惱，情緒上的不安，人生成了眾苦煎迫的歷程。

具有睿智的禪者，總是舉起他們的禪杖，敲醒弟子們的昏沉說：

「別再傻了！雖然窮，但誰也阻止不了你苦中作樂，為什麼不唱一首歌，額手稱慶說『今天我活得有豪氣，精神生活很平靜』呢？」

有一次，一位媽媽跟我談到自己的不幸遭遇說：

「我的婚姻生活觸礁，先生另有他歡，我活得很痛苦。」

她說著就哭起來了，訴說心中的恨事，最後我告訴她說：

「妳的婚姻失和已經夠慘了，為什麼還要這樣折磨踐踏自己呢？要惜福！除了先生有外遇這件事，妳各方面都還好，有子女、有工作、有住處、有體力、有理想。為什麼不把眼光投在現在有的，去珍惜它、讚美它、拓展它，而要一頭栽進那點缺陷，做缺陷世界的囚犯呢？」

她與我談了半個小時後，終於拭盡了自己的眼淚，告訴我說：

「我願意珍惜自己現有的。」

我發現她留著淚痕的雙眼，綻放著肯定的眼神，她知道愛惜自己現有的一切，讓失去的一切隨著拭乾的淚水消失，她走出門時我叫住她，叮囑說：

「要惜福！要愛惜自己！」

人要懂得惜福，你自己有許多福氣卻不自知。你能說話、能聽聞、能工作思考、能愛護他人，這都是你的大福報。你有你的生活和工作，儘可以安排得充實。把握它、運用它，小小的一棵樹苗，都可以長成參天大樹；一些挫折會成為你心智德行的沃土，要懂得珍惜自己的一切，這就有了豪氣。

逆的來，要珍惜它能給自己磨練的機會；順的來，要珍惜它能給自己信心和喜悅。懂得惜福的人，處處是福；不懂得惜福的人，無處不是苦惱。我認為人起碼要懂得：珍惜自己、愛惜時間、珍惜友誼和愛惜資源。

人生的第一課就是要學會愛惜自己。人因為愛惜自己而有了堅苦卓絕、力求上進的豪氣；也因為愛惜自己，而能自我接納，依自己的本質孕育自在生活的勇氣。每一個人都有自己的本質、自己的潛力，要積極地運用它、開拓它，把它化做生活的光彩。

蔡志忠先生是我的朋友，現在他是名聞遐邇的漫畫家，你知道他怎麼步上成功之途嗎？依我的了解，他很懂得珍惜自己，珍惜其特有的天賦，一直畫下去，不斷的學習和成長。他把人生比做跑馬拉松，但大多數的人只是跟著別人跑，不知道自己要跑到哪裡。他認為，人生最重要的是先認識自己，依自己的目的和能力去跑，那就可以不理睬別人是否跑得比自己快。他說：

「小學階段，我是品學兼優的好學生，參加初中聯考，是全校唯一考取第一志願的畢業生。

「當時看來，繼續讀高中、大學，將是人人稱羨，順理成章的過程。然而，這時我卻對自小即熱愛的漫畫，投以全部的心力，大量閱讀、吸收，嘗試編劇、創作，加上老師的教法我不是很能吸收，結果竟遭留級的命運。

「其實當時我心裡明白：只要我對漫畫的心力，挪轉十分之一到課業上，就能將學校功課應付自如；可是漫畫就像稀世珍寶般，我實在無法移開自己的目光。接著由於得到一個漫畫工作的機會，於是十五歲那一年，我毅然決定放棄學業，朝自我的人生目標行去。」

他對青年朋友的建議是：

「早下決心，為自己的興趣、理想而努力。」

目前的教育，除了一味的升學之外，很缺乏鼓勵青少年珍惜自己、依自己的能力和興趣訂定目標，好好的努力。功利的價值觀念，使許多年輕人迷失了自己，看不出自己該何去何從，東奔西跑，許多人在就業市場上浮動著跳槽、蹉跎歲月，得不到自我實現。

多年前國立高雄餐飲專科學校校長李福登先生告訴我說：

「我籌辦這所學校的理想是，招收有志於觀光餐飲事業的青年，幫他們自我實現，成就他們的事業和人生，而不是招收將來想要插班大學的學生。」

旨哉斯言！相信這所專科學校必能幫助有志於餐飲事業的青年實現抱負。

此外，李校長補充說：

「本校的教育目標將在接受實務磨練，培養積極實踐的工作能力，唯有踏實肯幹的人，才能在服務業發展。」

李校長還告訴我說，有些學校的觀光科，大部分的學生都準備插班大學，他們對學位的需求，簡直飢不擇食，只要能考取就念，從不思考自己的興趣和能力，遑論顧及自己的人生目標。

對於升學和學位的刻板觀念，以及功利的庸俗社會價值，埋沒了許多年輕人亮麗有為的人生。

我經常有機會在企業界演講，深知企業界有許多踏實肯幹、力求卓越的中堅幹部。他們不盡然都有高學歷，特別是中小企業中，有許多佼佼者，他們是一群有豪氣、肯依自己的理想目標、走出自己天空的人。禪者對人生的建言是：「你自己本身就是寶藏。」要好好愛惜自己，接納自己，發揮天賦，為社會提供服務，用自我實現來愛惜自己、愛惜家人和社會，乃至你所置根的國家。

其次，要愛惜時間。愛惜時間的人，總會得到無比的喜樂。時間，依我的看法是不動的，真正動的是自己的生命、自己的人生。人是因為有成長和衰老的次第，才產生時間；萬物因為有生、住、異、滅的演變，才會有時間。時間是生命現象和秩序的表現；真正的時間因素是生命和存在，而不是時間的本身，所以禪者說：

人從橋上過，
橋流水不流。

是生命本身在流逝，不是時間在流逝，時間本身是永恆的寂靜和涅槃之態。所以，通俗所謂愛惜時間，是要把重點拉回到愛惜自己的生活上。

愛惜生活要建立在紀律上。有紀律才有秩序，才有層次，才能有充分的時間來生活。學習要預為安排時間，休閒要知道自我節制。生活是由許多活動和事件編纂起來的，如果沒有安排就等於處在混亂和缺乏效率之下。

安排時間等於安排生活：生活的事件繁複無章，就必須割捨，就像園丁必須除草蒔花一樣，花園才會豐麗起來。我覺得許多年輕人，一天到晚泡在電玩裡消耗時間，那是在浪費生命。毫無計畫地虛擲光陰，就等於反叛生命。這是一種墮落，不是可喜的現象。

成年人又何嘗不是呢？當他們工作了一整天，需要回家跟自己父母子女團聚，分享家庭倫常之樂時，他們繼續去做他們的應酬，一餐吃下來兩個多小時，交通費時，回到家裡已屆深夜，請問自己能給子女多少時間交談？給家人多少時間共享天倫樂？有多少時間檢討今天、策勵明日？有多少時間好好休息，培養明天的工作活力？我總是奉勸大家：

- 割捨不必要的應酬。
- 有效安排工作、生活與休息。
- 不要在邀宴上浪費時間或在麻將桌上消耗你的精力。
- 避免無所事事虛擲人生。
- 不可群集終日，言不及義。

休閒不是消磨時間，而是恢復生機和精力，讓自己精神充沛，為明日的生活蓄勁。進修是檢討過去，學習新知，讓自己更具解決問題的能力。工作是實現自己，讓自己覺得有價值，而形成安定豐足的自我。整合這三個領域，成為你的生活和人生，那就是珍惜時間和生命。

其三是珍惜友誼。感情世界是人生的主幹，好的感情生活是幸福人生的保證。人的情緒狀態，決定於情感生活的品質。當自己感受到親密時，便有喜悅和安全；當自己感受到敵意時，便有恐懼不安，而友誼的存在，讓我們真正感受到親密、愛和尊嚴。

你需要友誼和愛，但你不能當嗷嗷待哺的嬰兒，等著別人施捨給你。你要從施予別人之中，真正享受體驗友誼。我們給別人尊嚴，就同時體驗到溫暖的回響，給別人一些協助，本身就是一種友誼的溫馨。

我的朋友謝榮貴夫婦是一對相當懂得友愛的佛門弟子。他們結合多位商界的朋友，對家境清寒的青少年，按月提供經濟的援助。他們一方面向朋友勸募，一方面與需要幫助的學生懇談，拜訪他們的老師，安慰其家長。在忙碌的工作之外，志願負起濟人助人的工作。我問他們：

「你們這麼做，求的是什麼？」

謝先生說：

「沒有所求，只因為他們需要幫助。盡自己一點棉薄之力，別人就得到溫暖、成長和鼓勵，所以應該去做。」

他不多說什麼，只是默默地做著。但我知道，這種友誼將化做積極的文化力量，把人的心溫暖起來，化做人世間誰看了都會歡喜的安和與笑容。

最後，要愛惜自然資源。人是依賴器世間的資源而生活的。因此，禪門總是教誡弟子，要珍惜自然資源，要以感恩之情來看待大自然給予的一切。禪宗有一則故事：

唐朝時，雪峰、巖頭和欽山三位禪師結伴參訪。有一次看到一條小河裡漂著一片菜葉，巖頭禪師說：

「這麼完好的一片菜葉，竟如此讓它流失，真可惜。」

雪峰說：

「這麼不惜福的村民，不值得教化，我們到別村去吧。」

這時，他們看到一個人匆匆從上游跑過來說：

「師父，你們有沒有看到一片菜葉流過，那是我洗菜時不小心被水沖走的，現在我正追尋那片菜葉。」

三位禪師聽完，不約而同的說：

「現在我們就到他家去掛單弘法吧！」

禪家認為珍惜資源才有福報，連一片菜葉、一滴水、都不可糟蹋。然而，現代人對於資源的浪費已經過度，甚至破壞資源，特別是水的資源、林木的資源、土地的資源，如果破壞多些，連生存都要受到嚴重威脅。

幸福不是一味追求得來的。固然不錯，沒有努力就沒有幸福，但不懂得惜福，到手的福氣，是會流逝的。不懂得珍惜自己，不願活出自己生活意義的人，即使有了偌大的財富，也是空虛不實的。

當自己的主人

當自己的主人，就能顯露人生的莊嚴和正向自在的豪氣。

每個人都注定要當自己生活的主人，《華嚴經》把這樣一個真實的生活法則稱為世間主。做自己的主人是指能依自己的現實條件去成長，去實現其人生，去開拓其生活的天地。佛教是要人從現實生活中不斷地擴充和自我成長，從有血有肉的自己，發展成豐富情感的菩薩，最後完成了正等正覺的佛。因此，沒有世間法的生活、歷練和精神提升，就不可能成就圓滿的佛果。所以世間法和出世間法是不二的，是相融相銜接的。在日常生活中被貪、嗔、癡、慢、疑所困住的人，便不可能出離而入於淨土法界。所以說：

佛法在世間，
不離世間覺。

世間的生活是修行證果的鍛鍊場，而鍛鍊的重心是自己，這就是世間主。每一個人都要成為世間主，一切有情眾生也是世間主，乃至物質世界、山河大地都各得其所，也是世間主。世間主並不是自負地想要主宰別人或控制凌馭，而是要保持自己的主動回應能力去生活，去待人接物。更確切的說，就是要有清醒的覺照，和參天地化育的豪氣。

每一位世間主都要投注於世間，究竟世間是什麼呢？世間就是生活的內容、活動的範疇、生存的真實面貌。它在《華嚴經・世主妙嚴品》裡，有著生動活潑的闡釋，分別為：

●器世間，這是物質的現象世界。
●眾生世間，這是生命的有情世界。
●正覺世間，這是精神的本體世界。

每一個人乃至一切有情眾生都離不開這三個存在範疇。就個人而言，你的身體和所在的環境是器世間，生命的現象是有情世間，智慧的開展和精神生活的增長，就是正覺世間。因此三世間是人生的三個基本範疇，每個人都注定要在這上頭展現豪氣。茲就這三個世間加以敘述：

器世間的現象世界

人藉著物而存在，物聚合則身存，物壞散則身亡。人賴以生活的山河大地一切物質一旦破壞，生命現象就不能維繫下去。所以對於器物生活必須有正確的認識。佛家告訴我們要珍惜器物，要珍惜自己的健康，要維護一切有情眾生的器界，否則無異於否定自己的生命。

佛家是很重視環境保護的，他們把山河大地、樹木花草視為一個存在的「

主」來珍惜，所以在佛門裡滴水粒粟，都得愛惜，絕不糟蹋物質。對於環境的維護更是講求，比如臨濟大師要種樹為後人做標榜，為山門添景致，而佛門沒有不重視維護大自然生態而戒除濫伐樹木的。在景岑禪師的誡斫松竹偈中說：

千年竹，
萬年松，
枝枝葉葉盡皆同，
為報四方玄學者，
動手無非觸祖公。

《華嚴經》裡更是把山海湖泊、林木城池都提升到極高的層次，把它視為一種神聖的存在，而賦予與自己的生命相等的位階。然而，現代人濫伐林木、獵殺野生動物、大量耗用汽油、製造各種廢棄物，導致地球溫室效應的現象，生態失衡的威脅，乃至影響生命存在的空間。

我們用許多心血來生產各種器物，卻疏於注意維護賴以生活的「器世間」大環境。當山坡地過度開發、河流大地受嚴重污染時，我們就失去了做生活主人的條件。

有情的生命世界

人存活著一天，就表現出豐富的情感。情感是生命存續活動的產物，它是必然的現象。情感從好惡趨避開始，發展成繁複的情感生活，有愛有恨、有尊嚴有卑怯、有安全溫暖有害怕孤單。情感從基本的生理需求化做心理需求時，所表現的內在感覺，影響一個人的情緒生活，更影響其人格發展。

情感生活是人格健康與否的決定性因素，一個長期受到虐待的兒童，往往有不健康的人格。許多心理疾病，都是情感世界錯亂所造成的。心理分析學家佛洛伊德（Sigmund Freud, 1856-1939）說：「得到豐富的愛的孩子，將可發展為一位巨人。」他的意思是說，得到充分情感陶冶的孩子，才能發展成具有強壯健康身心的人。

他所謂的愛究竟是什麼呢？是無微不至的溺愛？抑或占有式的支配孩子照

大人的目標去努力？當然不是。愛有時是盲目的，是會引人誤入歧途的，它必須以清醒的理智去施展。所以愛必須帶著理智，它就是菩薩的襟懷，是「覺有情」的愛。這樣的愛是能使生命得到肯定、福慧能不斷成長的愛。

正覺的精神世界

人活著並不只是為了維持生活的豐厚和情感的調和，還要有豐富的知識、清醒的思考，以應生活上的千變萬化。他必須不斷的開悟，看出真實，同時也要看出生命的意義，這使他的精神生活圓滿成熟。

為了走向成熟，人必須在情感世界和器世間的物質世界之中不停的接受試煉，從中開展其智慧、德性和對生命的認識，從而優入聖域，參贊化育。這時，他的人格裡綻放出光明的精神力，它被稱為佛光，能光明遍照，它既是覺性又是熱情，是理性的又是愛的襟懷，是自在的，同時是積極光明的。

人生活在以上三個範疇裡，它是同時存在、缺一不可的。不過生活的真實意義就是要用器世間和情感世間來發展正覺的精神力量，而情神力量的成長則引導物與情，使其開展並提升至圓滿的精神層面，這樣的因果循環，使自己的精神生活達到光明圓滿之境，它就是法界，是《華嚴經》所謂的華藏世界，也是出世間。

畢竟世間沒有一個權威的主宰，但卻有光明覺照的佛，能引導人們各自成為生活的主人，成為真正的世間主，而重重無盡的世間，有重重無盡的世間主，構成了一個世間主，那就是佛界。

提升自我功能

你自己就是一項真實，要依真實去生活，要提升自我的功能，這就是珍惜人生，也是在培養豪氣。

佛經上有一則故事說，佛陀在誕生時，便走了七步，一手指天，一手指地，說：「天上天下唯我獨尊。」這個簡短的故事，引來許多懷疑，有人說佛陀怎麼可能在一生下來就會走路說話。有人說佛陀是一位智者覺者，怎麼會說出「唯我獨尊」的話。我覺得這都是因為不了解經義所致。

其實，這段經文很具啟發性。它用象徵式的語言來表達覺者的甚深意。它的意思是說：人一生下來就開始其漫長的人生之旅。七步是指漫長或無盡的意思，在經典中常使用七寶池、七重欄楯、七重行樹、七重羅網、七七四十九等，均用七字，其所指的是極多或無盡，而非只有七。可想而知，西方極樂世界真的只有七寶池所成嗎？只有七重行樹嗎？因此，在這故事裡，走了七步，一手指天，一手指地的意思是「生活於天地之間，步向漫長的人世旅程」。而唯我獨尊的意思應是：「我這顆心」最為珍貴，最值得珍惜。因為萬法唯心，故以「心」為最尊貴，而不能錯解為自大自傲的唯我獨尊。

每一個人都應該珍惜自己的心，讓它發揮良好的功能，綻放智慧、慈悲、喜悅和施捨。因為那是幸福與健康之道，也是自己能成佛證道的根本。

人生是一個苦樂兼具的過程。只要活著一天，就得為活下去付出代價，要為自己的生活而努力。寒熱風雨在侵襲你，生老病死在折騰你，愛別離、怨憎會、求不得和煩惱熾盛在擾攘你，所以是眾苦煎迫的。人生如果有幸福、有快樂的話，就是有顆智慧的心，去解決以上諸多問題。這顆智慧的心，就心理學的層面而言，就是人的「自我功能」（ego functioning）。

自我功能是指有效處理日常生活那個「我」的功能。自我功能強，適應能力就高，解決問題能力好，憂心困擾也就相對減少。反之，則待人處世的障礙就多，煩惱紛擾也就重。因此，一個人必須懂得增強自我功能，走過成功的人生。以下三點，是提高自我功能起碼的原則。

先苦後樂

先苦後樂是一句老生常談的話，但卻是心理健康和維繫成功人生的法則。先苦表示自己願意去面對問題，肯接受苦的試煉，而問題獲得解決本身就是快樂。快樂是一種報償，面對痛苦和負起責任是一種努力，努力與報償所構成的循環，累積了經驗，也增強了自我功能。

有許多青少年所以誤入歧途，正是因為他們沒有建立先苦後樂的習慣。他們先看電視、先去玩、先享受一時之樂，在享樂之後，卻沒有時間去做功課和必要的學習。日復一日，等到發覺功課趕不上時，為時已晚。

身體的舒適感和快樂，是運動和規律生活的報償。如果一個人先吸食迷幻藥來獲取一時的舒適，就會疏於強身和訓練自己，身體很快就會生病。加諸迷幻藥本身即是毒品，可以直接破壞神經系統，因此必墮悲慘下場。

生活適應不可以有先玩樂再付代價的觀念，因為那會破壞自我功能，破壞心智的成長。先玩樂之後所付出的代價是慘痛的悲劇。先付出努力，忍受痛苦，再得到喜樂的報償才是生活的真理。所以佛門弟子必須懂得「苦諦」，努力奉行這個重要的律則：「實踐頭陀行。」

基督教教義裡也說「受苦的人有福了」，只有懂得先苦後樂的人才會有幸福。因此，我要提醒天下父母，教育子女的首要，是培養實踐先苦後樂的生活信念。當然，你如果想要子女有這樣的福報，就得先自己實踐這條戒律。

負起責任

人生來就要為生活負起責任；推諉責任無疑是墮落和痛苦。推諉責任一旦養成習慣，就會發生一種思想上的錯誤；他看不出自己的過錯和缺點，總以為錯在別人而不在自己，他很喜歡責怪別人，其口頭禪是：

「要不是他……我一定會成功。」

不肯負責任的結果，使一個人喪失不斷反省檢討的能力，以致他的自我功能漸漸衰弱下來。當一個人經常咆哮著責備配偶說「你要為婚姻的不和諧負起責任！」時，也正表示自己不願負起責任。這是很危險的一種意識狀態。夫妻本來就該互相體諒，彼此互助鼓勵，同時負起檢討改進的責任，任何一方如果把責任推諉出去，都會造成婚姻的不幸。

責任是一項實際的能力，不是觀念的認知。你能實踐它，就能使自己心智成長，反之就會是一種心智的退化。

責任感是從生活中陶冶來的，父母在日常生活中，能劍及履及，孩子就學會責任，如果父母經常表現出推諉的行為，孩子的自我功能也會虛弱無力。

體驗真實

佛法對我們的最大啟示是：你必須活在真實裡；要把心中的虛妄洗滌乾淨。所謂虛妄，除了一般所謂的成見、偏見和邪惡慾念之外，最主要的就是不能認清真實。

每一個人隨著年齡漸長，意識觀念就越明確，越精細完整。它就像一張清楚的地圖一樣，可做為生活的指引。如果你的意識地圖，未能在生活經驗中不停補充修正，那麼地圖就會越來越不合時宜。最後，它失去真實，也失去指引你的功能，那就注定要迷失了。這張意識活動的地圖像明鏡一樣，能照朗你的人生，所以經上說：

一真一切真。

真實的意識地圖，要靠自己不停的修正和填補才能建構起來；要把錯誤的地方割捨，要依真實的觀察予以補充。除非你真的肯實踐日新又新的戒律，否則就會失去真實覺察的能力。

在我們一生之中，沒有比「自我功能」的不斷提升更重要了。自我功能決定自己的命運和幸福，也決定自己精神生活的品質。它即是豪氣之所在，所以說，「天上天下唯我獨尊」是一句值得大家審思力行的真理。

成功的生活

成功的生活本身就是一種豪氣的展現。

我們的社會普遍強調成功的價值。一般人總是把成功的事業和人生掛在嘴邊，用它來期勉自己、教育子女、激勵親友。學校的老師，更把成功當做教學目標。

我們似乎都為追求成功而活，但是卻沒有幾個人體驗到成功的滋味。每一個人都在他的生活跑道上狂奔，以追求成功的目標。然而那個目標究竟是什麼，卻沒有人能說得令人信服。現在，我要從自我覺醒的角度來談談成功的道理。

一般人認為成功就是事業有成，物質生活富裕，有相當的社會地位，受人羨慕等等。但是擁有這些名利權勢的人是否都很快樂、覺得自己幸福呢？不見得。我發覺有許多人仍是陷於不停的追逐渴求之中，而顯得匱乏窘困，失去豪邁之氣。有一些人，在事業有成之後，生活卻紊亂起來，因為那些成就使他更有條件揮霍和墮落。更有人在嚐到成就的甜果之後，開始害怕失去它，或想要更勝過別人，而拚得聲嘶力竭。這些人的共同點是只想到占有、慾望和野心，而沒有注意到成功應該是清醒的，是生活的整體調適。魏特利和薇特（Denis Waitley & Rrni L. Witt）在他們合寫的《樂在工作》（*The Joy of*

Working，中譯本天下文化出版）一書中說：

「有些人表面似乎擁有一切，卻仍不斷地向外追逐歡樂，企圖從中找到一點人生的樂趣。在成功的表面下，他們背負著空虛的重擔。」

我不是要貶抑事業有成的重要性，而是要提醒大家，有了財富、權勢和地位，並不就是有了成功的人生和豪氣。你要注意一個事實，成功不是拿自己去拚給別人看，不是優於別人或占有的東西比別人多，更不是揚名聲、顯父母，而是你能接納自己，努力把工作做好，願意跟別人分享，然後恬淡地過你的生活，好成就圓滿的人生——成佛。因此我要為成功的生活提出以下幾個重點：

- 接納自己，友愛別人。
- 熱愛生活，而不是用野心來追逐。
- 勤勞負責，心存感激。
- 不斷的學習與成長。
- 從正確的信仰中發現生活的意義。

成功首先是建立在接納自己和友愛別人上。接納自己才會有信心，有意願，有活力，有成長發展的動力。友愛別人才能與人結緣，建立友誼，帶給自己許多砥礪和溫暖，奠定自己施展抱負的機會。你如果能結識一些益友，他們各有不同的才能和天賦，對你的辦事能力必有莫大助益。人我之間，彼此互相關愛協助，提供意見，鼓勵切磋是成功的關鍵。我們不但要在接納自己中發展潛能，見自本性，而且要在關懷別人的行動上廣結善緣。這能讓人篤實地發揮潛能，在人際活動上感受到溫暖和安全感。

其次，是要熱愛生活。生活得愉悅就是成功；生活的重點之一，無非是在辛勤的工作之後，有個安適的休閒和睡眠，好讓自己第二天仍能朝氣十足，英姿煥發。然而，有些人終日心存怨恨和野心，以致夜裡心神不寧，必須靠藥物來麻醉自己，才能安眠，那麼再大的成就也失去意義。因為畢竟他還是沒有嚐到成功的滋味。

就心理感受而言，成功是自己覺得有用、有價值。獲得這種感受的方法是幫助別人，對工作負起責任。現代人大部分是上班族，上班就是要盡責，而盡責是指能看出需要是什麼，而且能解決那需要。能看出問題癥結在哪裡，而且能設法解決它。

時下許多人犯了得過且過的毛病，像木偶一樣的被動，沒人催促其工作就停頓下來，這種人是嚐不到成功滋味的。有一次，我請教幾位企業家，在他們手中升遷的人都是些什麼樣的人物。他們的共同答案是：

「升遷當然是要找能幹的人；他頭腦清楚，肯投注心力去解決問題。你知道升遷除了表示對一個人能力的肯定之外，對公司而言，是要交給他更多由他來解決的問題；不斷看出需要，不停的滿足需要，就是企業的成功。當然要拔擢成功者去創造成功的企業。」

他們也告訴我，有些人一進入公司，三年之內，可以進入高級主管，有些人十年還在原位不動。能晉陞者最大的原因是主動負責，肯思考，肯盡心。這就是禪法中正精進的道理。

不斷的學習才有豐富的學識和幹練的能力。一般人以為學歷是成功的保證，那也是錯誤的。有高學歷的人，如果不知道日新又新的進修成長，一旦被淘汰下來就更難適應，而且很容易淪為眼高手低的抱怨者，抱怨者的真實寫照就是飲恨終生。

人總是在成功的同時埋下失敗的種子。成功帶給我們躊躇志滿，以致停留在自以為最好的工作方法或制度上，而疏於留意新的變遷，怠於隨時調整，以致原地踏步。結果，累積的問題越多，回應能力越差，就必然走向失敗之路。所以，無論你做什麼工作，都應認識到禪家所謂的「無常」。時時提醒自己：環境在變，潮流也在變，要不斷運用智慧和創意。因此，你必須虛心（空）去學習，才有清新的思考和智能去應付接踵而來的變局。

最後，成功必須是整體的。如果你沒有在宗教信仰上看出人生的意義，你就缺乏振奮人生的目標。這時，即使你在事業上饒有成就，仍然接觸不到成功的喜悅，甚至那些成就反而令你迷失墮落。

因此，人需要一套人生信仰，建構你完整的價值系統和清醒的思維判斷。它幫助認清自己的立場，在你人生的道路上，不斷釐清來自各方面的訊息。無論是順逆、成敗和得失，你都能透過這套系統，轉化成正確的回應，這就是轉識成智了。

成功的人必須有足夠的智慧和定力。它是自己從日常生活與工作經驗中，逐漸歷練開展出來的價值系統；它就是人性的光明面。矛盾、衝突、紛擾以及來自四面八方的障礙和引誘，能像狂風大浪一般捲走一時走運的暴發戶；一時的風潮會像洪流一般淘盡僥倖成功的投機主義者，但是那身體力行「善財童子五十三參」的成功者（註），卻仍然屹立著，繼續他成長的腳步。

轉識成智

如果你懂得運用「轉識成智」的技巧，你的煩惱會消弭於無形，傷痛會轉化為人生的資糧，心智就會不斷成長；生活適應能力隨之提高，當然你也就能創造機運，過成功的生活。

什麼是轉識成智呢？它是一種通權達變的智慧。具體的說，如果你能從失

註：《華嚴經》最末，善財童子以赤子之心、向上肯學的態度在文殊菩薩指引下，向五十三位菩薩請教學習，所教者不同，更豐富其閱歷，啟迪其心志，即得到生命之圓滿開展。顯然華嚴的教理在於博學多聞，增廣閱歷，而後融會貫通，落實於生活，以實現圓滿的人生。

敗中學會成功的經驗，從煩惱苦悶中找出它的意義和價值而予以承擔，從日常生活中看出提升自己的新機，這就是轉識成智。

懂得通權達變的人，他們深通「山重水複疑無路，柳暗花明又一村」的妙訣；能苦中作樂，能轉敗為勝，在橫逆艱困中走出康莊之道，這是學佛修行很重要的一部分。佛法告訴我們，人間有許許多多的苦：生、老、病、死是苦，求不得、怨憎會、愛別離也是苦。如果你能轉苦為樂，從中解脫出來，你的修行就有了大用。

佛法裡頭的四聖諦是：苦、集、滅、道。它的通俗意義是：人活著就要接受許多挑戰，要面對許多難題，所以生活的本質是苦。從另一個角度來看，苦是一種警訊，它告訴自己有了難題，有了危險和困境。如果自己不願意正視它，設法解決眼前的難題，那些難題就會累積集合起來，構成更嚴重的困境，集合成更大的痛苦，導致生活的潰敗。所以每個人都必須設法消除困境，解決問題，才能夠泯滅痛苦。這解決問題的法門就是道。

四聖諦是精神生活的真實面，我們可以推衍出以下幾個重要的法則：

● 生活本身就免不了要受苦，但那些苦難和傷痛，卻能教導我們成長，如果你不肯接受痛苦的煎熬，心智就不可能成長。因此，有智慧的人都不會怕苦，反而主動地去面對苦。

● 如果你害怕痛苦，存心規避或逃脫，或者以拖延或漠視的方式，裝著視而不見，而把這樣的消極態度視為忍耐，你的心智會漸漸頹廢、消沉和蒼白，以致陷入更深的困境。

● 逃避痛苦的方法很多，你可以一走了之，可以用幻想或藉藥物來自我麻醉和欺騙，也可以用許多藉口如生病、心情不好、自己命運不好等等來逃避問題。但這裡必須警告你的是：心理症或精神病一向都是正當受苦而不肯受苦的代替品。

● 所以每一個人都得鼓起勇氣去面對問題，設法解決，這才能福慧增長，步向成功和幸福。

以上的分析，你應該很能了解佛門之中唯識家苦口婆心強調轉識成智的苦心孤詣。

多年前，我剛認識的一位作家朋友竹君女士，送我她當時的新著《中國式的愛》，很客氣地要我讀過之後，給她一些意見。那時我很忙，所以把書放在書桌上，一直沒時間看。偶爾拿來瀏覽一下，又覺寫的大部分是生活點滴或家務事，忙碌中似乎引不起我的讀興。過一陣子我的新書《禪・生活與工作》寫就了，於是以清閒的態度，讀起竹君的作品，我發覺竹君所寫的《中國式的愛》大部分是她個人面對問題、解決問題、轉識成智的經驗。於是，我很有興致的讀下去。

我學的是心理和教育，研習的是佛法，也從事多年的心理諮商工作，自然會從生活適應和精神發展的角度來讀它。看完她的書，心裡由衷的敬佩，特別對於她積極面對生活上的種種挑戰，而展現寬容和友愛表示更多的讚美和肯定。我相信任何一個人如果能以竹君的「中國式的愛」來待人處世，就會締造成功的婚姻和生活。

在她的書裡，大部分的短文記錄著自己如何化煩惱為菩提，觀察別人通權達變以供自己參考，無論在家庭生活、人際關係、工作上的挑戰，竹君都本著「中國式的愛」去接納，從接納中認清事實，並尋找處理的方法。她嫁做洋人婦，一方面要適應先生的個性和家人，另一方面又要孝敬自己的父母。白天要忙碌地工作（她是某外商公司的部門主管），晚上回家又要處理繁重的家務事。她的文章，確實可以供許多人在日常生活中參考，我自己也受益不少。

人活著就注定要與痛苦和難題共存。你把它當朋友，才能激發勇氣和智慧，圓滿的克服它，這就能令你心智成長。要記得！你要以迎接困難和傷痛的態度，把它化做光和熱，千萬不能逃避它，否則就要陷入迷失和困境。這就是佛法裡唯識家所傳授的心要之一，是值得每一個人學習以為己用的。

解開倒懸

每一個人都應該珍愛自己的生活，要把它當目的來珍惜，而不應該把它當做手段。如果你把名望、財富和出人頭地當目的，而把生活拿來當手段，你就發生了「倒懸」（ullabana），它使生活空虛和迷失，甚至發生種種精神生活的難題，生命也就失去豪氣了。

倒懸可以說是一種心理倒錯現象。使人和自己的生活疏離，目標和手段顛倒，無法體驗到生活本身的樂趣，而強迫自己向外不斷的追逐。心中不時有著如飢如渴的慾求；但越是追逐，心裡頭卻越是空虛。這樣的心理狀態正是十法界中的「餓鬼道」。

在《佛說盂蘭盆經》中所講述的正是這個心理情結。而每年佛教界在農曆七月十五日所辦的盂蘭盆法會，就是為解倒懸而說法。在經典中所記述的內容是：

佛陀的弟子目連尊者，因修行而得神通力，他看到自己的母親，墮落在餓鬼道。依經上記述，餓鬼道的眾生，骨瘦如柴，皮包骨，肚大如鼓，咽喉如針，口吐火焰，不見飲食。目連孝心，便以神通力送食物給母親，母親拿到手裡，送進口中就化做火炭泥沙，不能受食。

目連驚駭往謁佛陀，佛陀告訴他說：「你母親罪根深結，非汝一人之力所能奈何。當須十方眾僧威神之力，乃得解脫。」

於是佛告訴目連：「七月十五日當天，是十方眾生解夏，是修行證果的歡喜日，他們是清淨戒聖眾，其德汪洋，要這時供養他們，請他們為你母親說法超度，才能解脫。」目連照辦，母親也得到解脫，以後便制訂了盂蘭盆的儀律，相傳成為今日的盂蘭盆法會。

這則故事是用象徵式語言寫的，所謂目連的母親罪根深結，是指六根沉迷於所慾，因而心理上發生貪婪和占有的情結。在此情況下，便會如飢如渴的向外追求。肚大如鼓，象徵占有和慾望，骨瘦如柴是生活陷於苦難和困境。咽喉如針是指每天焦灼往外追尋，飲食無味，消化困難。口吐火焰是指寢食難安，火氣很大。伸手取食，食物化做火炭泥沙是指食之無味。

很明顯的，當一個人犯了貪婪，把生活當手段，如飢如渴的往外追求，就會變成那副餓鬼的模樣，那就是餓鬼道，是倒懸情結。

盂蘭盆法會最主要的意義就是解倒懸。它除了表示對父母乃至七世父母的大孝之外，最重要的是每一位參加盂蘭盆法會的佛門弟子，都要從貪婪中解脫出來，免墮餓鬼之道，而過恬淡自在、豐足自由的精神生活。

在盂蘭盆法會上，十方眾僧正好解憂，從修行證果中自恣愉悅，其德汪洋，在這時候，為一切眾生說法，是身教言教一起實現，聽聞的人深受德化，解行同時得到開示，所以很容易受用解脫。我們當知，參加盂蘭盆法會，得僧寶萬德莊嚴的感動，自當省發，從貪婪的倒懸情結中解脫出來，才符合佛說盂蘭盆經的法意。

從心理學的觀點來看，倒懸是一種心理生活失衡所引起的倒錯現象。當我們活在一個慾望高漲的境況下，無論所追求的是名或利、是權勢或聲望，都會發生失衡，因為你一直想贏、占有和超越別人，所以，即使你一帆風順，內在的精神世界還是處於匱乏狀況。於是，最好的方法是割捨。在生活中必須知道割捨以下幾點，才能保持平衡：

- 要捨棄贏過別人才能自我肯定的念頭。
- 要捨棄虛榮。
- 要捨棄成見、偏見和刻板的思考。
- 要捨棄自我。

就修持而言，捨棄自我，是肯定真我和顯現生命悅樂自在最根本的一條路。我們是在捨去自我之後，才發現真我，割捨了「我相」之後才顯現如來。對大部分的人而言，自我是神聖的、迷戀的核心，割捨自我或我相被認為是愚蠢的。可是就心理學而言，割捨它才真正得到心靈的自由。心理學家貝克（M. S. Peck）說：

「在捨棄自我時，人類才發現到最大的歡喜、實在和恆常的悅樂。」

在割捨自我之後，我們不再為贏過別人而神魂顛倒，也不再為不如人而焦灼不安，開始回到自己的生活園地，真正過自己的生活。事實上，就生命的成長歷程而言，也是一段不斷割捨的歷程，肯割捨才不會拖泥帶水，才不會引來煩惱業障，才能使自己清醒，看出明確的目標，孕育良好的精神力量。

洞山禪師說：

洗淨濃妝。

這短短的一句便是精神生活的警偈，它是防範自己生活倒懸的戒律，也是盂蘭盆法會最重要的囑咐。要不然，佛陀怎會在經中囑咐：

具清淨戒聖眾之道，

其德汪洋。

所以，解脫倒懸情結之苦的唯一方便法門就是割捨。肯割捨就能培養生命的豪氣來。

莊嚴之美

美表現於雄壯者，我們稱它叫壯美；表現於溫柔者，我們稱之為柔美。學佛的人卻要培養自己，兼具兩者，涵泳多方面的德行，在佛法上稱之為莊嚴之美。人的豪氣就從這兒表現出來的。

要做到莊嚴之美實在不容易，現代人退而求其次，只要陶冶內在美就受益無窮，表現於人生也算相當莊嚴了。

其實，每一個人都想美化自己，因為美可以使人快樂，使人感到生活步調的協調和溫馨，更重要的是它能帶來自尊和信心。愛美是人的天性，愛打扮自己，講究服飾，希望贏得別人的讚賞和尊重。

不過，如果你稍加留意便會發現，許多人雖然穿著時髦，濃妝艷抹，乍看之下很是俊俏；但在儀態氣質上，不免流露出造作和庸俗。繼而相互交談，便會發現他們其實並不美，甚至醜態畢露。

美並不是指外在的打扮和修飾，更重要的是內在的性情和修養。我們不但要注意外在的美，更要重視內在的莊嚴之美。因為只有透過內在的美，才能把自己的尊榮，完全襯托出來。我認為培養內在美要從以下幾個方面著手。

謙和之美

在你的人格特質中，若能表現出謙和的氣質，就能散發所謂和威德光，那是和光之美。《涅槃經》上談到「和」的大用和優美時，說：

和光同塵，

結緣之始。

謙和可以帶來善緣，帶來美好的人際關係，可以表現情性的柔美。它可以使自己清純樸雅，獲得別人的尊重和友誼。

在《列子》這本書裡，有一則很能發人深省的故事。

春秋戰國時，有一天楊朱到宋國旅行，住進一家旅店。他發現旅店老闆有兩個妾，一個長得美，一個長得醜。但是老闆卻很寵愛長得醜的那位。楊朱很好奇問道：

「你為什麼寵愛醜的妾，而不寵愛美的妾呢？」

老闆說：

「美的那個，自恃美貌而顯得驕傲，所以我看不出她的美。而醜的那個自以為醜，卻謙和地表現出人性之美，所以就看不出她的醜了。」

楊朱聽過之後，對他的弟子們說：

「弟子們！要記住這句話，不僅美醜如此，連行善也一樣；一個人若行善而誇耀於人，一樣失去他的美，而得不到別人的尊敬。」

謙和是一種內在美，它給我們博雅的氣質、心平氣和的儀態和安定思考的智慧。謙和的性情不只是美，而且是代表著智慧與人生的光明。

成功之美

內在美的第二個因素就是成功的生活。成功與成就不同：成功是指一個人能過實現的生活；熱愛自己的生活，喜歡自己的家人、朋友和工作。成就是指在事業上功成名就。

成功的生活是幸福的，是喜悅高興的，是有活力有朝氣的，當然他在事業上也會有所成就。至於有成就的人，他們雖然有財有勢，有名氣有權力，但未必能過成功的人生。所以成功的生活是另一種內在美。禪宗高僧們經常指示弟子：

「生活本身即是修行。」

生活才是表現萬德莊嚴、流露生活之美的源頭。怎樣才能培養成功生活之美呢？我認為要從以下幾個方面去努力：

- 達理之美：做人做事要能明白事理，有重心有方法，知道以簡馭繁，辦起事來自然有績效，所以它很美。
- 通博之美：成功的生活必須具備廣博的知識、經驗和通博的智慧。見聞多、知識豐富，解決問題能力增強，就能表現出美來。
- 專精之美：對自己的工作和事業，具備專業的能力或技能，這使自己能樂於工作，應對自如，就能表現出工作之美。
- 行為之美：具備良好的工作習慣和生活習慣，能使身心康泰，事業順遂，這是戒律之美。
- 思想之美：養成光明的心志，具備積極樂觀的性情，這是悅樂和活力的根源，是心性之美。

適應之美

佛法所謂的自在就是環境的適應和生活的調適，它源自生活的訓練。勤勞肯學、樂於助人和不拈輕怕重的人，終能發展出最佳的適應能力。他學會了適應人、適應事、適應環境。

美國哈佛大學的心理學家，曾經追蹤研究一組青少年達數十年。發現青少年時能打工、幫助做家事、參加活動較多的人，成年之後，表現較為優異，各方面的適應較好。他們的交遊廣闊比一般人高一倍，獲高薪工作的可能性大四倍，失業可能性小十五倍。這些人也顯得比較樂觀，有充實感，這就是適應之美。

有好的適應能力就有信心，有安全感。信心和安全感是情緒健康的保證。有了信心，人生充滿著光明和遠景，那就是生命之美了。

莊嚴之美要建立在內在美上。內在美是一個人良好的人格品質，它是一種引人入勝的氣質、強大的親和力和做人做事的豪氣。它不是打扮能獲得的，而是需要長時間的磨練和吃苦，才陶冶得出來。內在美不似外在美，容易打扮也容易消失。它一旦培養出來，終你一生都會相好莊嚴。

伍

開拓與成長

生活所依賴的是能力和智慧，但它是學習和成長得來的。人生是一個不斷成長的歷程，我們必須時時刻刻從經驗中獲得新的啟發，讓自己的心智不斷成長。成長豐富了我們的精神生活，增強自己的適應能力，相對地也強壯自己的信心和豪氣。

豪氣本身是裝不來的；學習豪氣的樣子，無異裝腔作勢，不但沒有什麼作用，反而落得虛張聲勢，被人看笑話。豪氣必須有實力做後盾，要肯下功夫培養自己的能力，要知道自己的本質就是難得的天賦。因此，在這一章裡，我們要討論心智成長之道。

每一個人的稟賦不同，學習的方式各異，將來的成就也各不相同，但是心智成長上，卻有著相同的規範可循。如果你想開拓自己的人生，做一個有能力去自我實現的人，那麼你要注意以下幾個實踐方法：

- 在依賴中學習自主。
- 看準平凡就是一種彌足珍貴的才氣。
- 理想要與現實結合。

● 要知道時時除舊布新。
● 懂得自勵和自立。

這幾個法則能幫助你心智成長，培養你的豪邁氣度，令你的人生活得有意義有價值。

依賴到自立

人必須懂得依賴，也要懂得自立。

一般人常鼓勵人家自動自發，而厲言批評依賴的錯誤。其實就心智發展而言，沒有經過依賴的階段，就不可能發展出強碩的自立；未經廣博的吸取別人的經驗，就不會有獨立的判斷和思考。所以經上說：

迷時師度，
悟時自度。

每一個人都必須先依賴而後獨立。如果把依賴和自立強加分開，那就是邊見了。佛門談修行，總歸二門，其一是他力，其二是自力。前者是透過佛力加持，來達到超越自己和修行證果的目的，稱為他力解脫。後者是完全靠自己的力量去努力而得見性悟道，稱為自力解脫。一般人把自力解脫和他力解脫強劃分為兩派，那並非正確。須知他力和自力是不二法門，依賴和自立是不能分割的。

人之所以發展為具備精細思維和情性生活的原因，是因為在成長過程中，依賴的時間比任何動物長。另一方面，就個人成長而言，受教育時間長，依賴的時間隨之加長，得到的知識和經驗就越豐富，所以依賴或仗他力是必需的，是心智成長的必要條件。

時下有許多年輕人，有好的學習機會，卻不懂得把握好好用功，在依賴的時代強作出頭，要做獨立自主的模樣，不接受師長的教導，不好好學習應具備的各方面知識，虛有其表的自負和不可一世的態度，阻礙其心智成長。蹉跎時光的結果，使他往後的人生歲月，在基本能力上虛弱不實，一蹶不振。

依賴顯然是蓄勁的時機，每一個人要把握它。依賴是學習現有知識經驗，自立是創造未來的事功；沒有現在的學習，就不會有好的創造。人格的成長也是一樣，父母親能提供正確的愛讓孩子依賴，孩子人格發展就越健康。當然，一位修行者一開始即接受正法的薰陶，將來也必能成就大法器。

珍惜依賴的時機，學習既有的東西，是沃壯自己的最佳捷徑，所以必須全力以赴，不怕苦，不畏艱難，好好的把握它。禪宗的大師們深通個中契要，總是慈悲地提供各種學習機會去接引弟子依賴的階段，他們嚴格的教導和多方的試煉，使弟子成長為一棵巨樹，好庇蔭天下蒼生。所以滴水禪師說：

「第一流的人才是在師家的鏈鎚下日益強壯。」

大部分的人都會懷念學生時代嚴格管教自己的老師，因為他令自己有所依恃，有個準頭和方向，並得到完全的教導，從而奠定日後獨立自主和開悟創造的基礎。像這樣的人師、經師，怎麼不令人懷念呢？有一次，唐朝的臨濟禪師懷念他的老師黃檗禪師說：

「我二十年前，在先師黃檗處，三度問佛法大意，三度挨打。好像被蒿枝刺了似的痛心。現在，我想再吃一頓棒，可是又有誰能給我呢？」

很明顯的，依賴的目的是為了自立和創造，等到人獨立開悟了，哪有再需要依賴的道理？

談到這裡，問題的關鍵似乎就在於如何有效運用依賴，才能孕育獨立思考和智慧的開展，而不是如何避免依賴。在《涅槃經》中對於如何運用依賴培養自己的實力，提出四個準則，那就是：

- 依法不依人。
- 依義不依語。
- 依了義不依不了義。
- 依智不依識。

依法不依人是指我們要依賴的是真理，是正確的知見和經驗，而不是依賴某個人的權威或名望。人一旦養成依賴別人，看人臉色，就會失去自動性，破壞自己獨立自主的健全人格。在精神生活上，永遠表現出奴隸和仰人鼻息的卑劣習氣，這就不可能了了分明，正確判斷。

其次，我們所要依賴的是事理，而不是表面的語言。人必須學會正確的思考方法和工作態度，而不是學習死記別人現成的資料，要的是點石成金的手指，不是點石成金的廣告。

其三，在學習的依賴過程中，必須把握學會解決問題的能力。了義指的是能徹底解決問題的關鍵，而不是抓著無關緊要的東西，旁生枝節，浪費時間，或誤入歧途。捨正路而不由的人，是不可能從依賴步向自立的。

其四，學問之事，重點不在於知識，而在於開啟智慧。因此不要以記憶知識為已足，要以獨立思考和培養解決問題的能力為學習目標。意識和知識在面對「無常」的世事時，只能提供你參考的訊息，不能做為你依恃的全部。食古不化難免要失敗後悔的。

「諸行無常」是佛法三法印中的第一法印，它揭示一個顛撲不破的真理：世間事每一件事情都是新鮮的，你不能用刻板的態度去面對它，而要以智慧和覺性來對應它。但是，你必須先仗恃著已有的寶貴經驗，去做獨立的思考和判斷，才能應付自如。

學佛也是一樣，如果你不懂得從他力的依賴到自力的自悟自度，就不可能把握個中殊妙，得圓證根本。

平凡的才氣

平凡者常抱著一顆平常心，他認分、踏實、肯幹、厚道，有水滴石穿的耐力。平凡者獲得成功的機率，並不遜於資賦優異的人，美國小羅斯福總統（Franklin Roosevelt, 1882-1945）曾說：

「成功的平凡人並非天才：他資質平平，但卻能把平平的資質，發展成為超乎平凡的事功。」

我看過許多在學校裡資質平凡的孩子，他們成績大都在中等或中下，沒有特別的天分，卻有守分、有紀律的誠實性格。這些人似乎從不說一句危言聳聽的話，不愛出風頭，是默默的工作者。他們平凡無奇，連導師或級任老師都不太記得他們的名字。可是學校畢業後的十幾二十年，卻帶著成功豐收的事業回來看老師，而許多原本前途被看好的孩子，卻反而沒沒無名，這究竟是什麼原因呢？我問過許多老師對這類事情的看法，他們最通常的回答是：

●成功與在學成績關係不大，但與踏實和認分的性格有關。

- 人若有了勤能補拙的特質，就必然能成功。
- 平凡的人雖然學習較慢，但卻有種特有的毅力；值得注意的是毅力本身就是一種卓越的天分。
- 平凡的人比較務實，比較能自律，不孤傲，所以許多機會落在這種人身上。
- 平凡的人因為從小就受過許多挫折，較有勇氣接受失敗的挑戰，他們踏入社會工作，反而從自卑中力求超越。

這些見解都很有道理，不過我要加以澄清：成功並不專屬於平凡的人，但是一個人如果有了踏實自律的習慣，肯開發自己的潛能，具有不斷學習的自發性，肯努力為一技之長下功夫，為人能獲致別人的信任，那麼成功就變得容易起來。如果資賦好的人，能培養這些特質，他們成功更為容易，只不過許多天才型人物，他們自恃太重，自負過強，無形中流失許多機會。特別是優越的個性，使他失去勇氣接受失敗的挑戰。

長期在學校裡一帆風順，使人失去適應失敗的生活能力，那些資質普通的人，反而更有毅力鍥而不捨的向崇高的理想挑戰。

培養鍥而不捨的個性，就是生活的智慧，它令人的前途大放光明。許多平凡中的傑出人物，都具備這種性格，所以六祖慧能說：

若能鑽木出火，

淤泥定生紅蓮。

肯不斷努力的人，必然得到豐收。現在我要來分析這些資質平平、卻能大放異彩者的基本因素。

從專長到多方面能力

在開放的社會裡，有專長的人，其社會適應能力遠比沒有專長的人來得好。有專長的人，能有個起碼的立足點，他們比較容易受到別人的器重，信心較足。如能深耕易耨，不斷的進修學習，很容易走出自己的一片天地，因為精於專長本身就代表著自信。

專長一定要與自己的興趣相合，才能繼續成長下去；由原來的技術層面，拓展成為多方面的能力。據我的觀察，由技術發展到人際關係，進而學會管理和銷售的人，即可成為企業機構中的核心人物。一個肯不斷擴充自己能力的人，總有一顆熱忱的心，他們肯幹肯學，多方面向人求教。也許出頭較晚，卻在各種不同職位增廣見聞，學到許多不同的知識。

不久之前有位年輕人向我求教，他總是被公司當做候補的棋子，哪兒缺人手就被調到哪兒，一點都不受到尊重。這位先生很沮喪地問我：「這樣值得繼續幹下去嗎？我的專長幾乎都用不上了。」

我很認真的告訴他說：「你經常被調到不同崗位磨練，是辛苦的。但只要你努力肯學，應該也能勝任，否則你的公司不會做這樣的調度。依我看，你要努力工作，加倍去學習，養成工作的豪氣。將來，公司員工之中，歷練最多的是你，能為公司貢獻才智的也是你，你應該有這種認識。」

最後，我忠告他：「肯幹就是成功；拈輕怕重，就失去成長的機會。受苦是成功與悅樂的必經歷程。」

這位先生幹下去了，每個星期都到華藏講堂聽我演講，他幹得很起勁，一定會成為耀眼的新秀。

肯幹肯學的人，必然博學多聞，這樣的人機會總是敲他的門，即使是一位資才平平的人，也能躍上龍門。許多公司在徵才時，總是想盡辦法，要發掘這種肯幹肯學的人才，積極予以培養。但時下卻有許多年輕人，昧於此道，不肯精進努力，真是自絕於成功門外哪！

一九九一年五月份《天下雜誌》介紹長榮公司的經營理念說：

「長榮用人不重學歷，而是重可以主動迎擊外界困難，及不斷自我成長、自我挑戰、且能與別人合作的人。隨口問任何長榮人的學歷，多半是私立大學或專科畢業。但長榮想辦法藉由不斷地輪調……邊戰邊學來磨練人才。」

人才可以靠磨練，唯有肯接受多方面磨練的人，才能成為真正的人才。

自律與合作

自律的人才是真正的自由。

人若能透過自律來自我節制，就能使精力花在有用的事物上，逐漸展露其才華。自律的人不浪費時間，卻能有效地分配時間與精力在工作、進修、休閒、人際交流等各方面，所以自律者總是豐收。唐朝澄觀大師說：「戒為行體。」意思是說，能自律是實踐成功人生、步向正道的根本。自律的人很能專注工作，心想事成，目標和行動是一致的。美國一位管理學家漢生說：

「成功不必靠才華出眾，只需要一大罐膠水，抹些在椅子上，抹些在褲襠上，坐下來專心於每一項工作，直到你盡了全力，做到最好為止。」

自律就是肯安定下來工作、思考和解決問題的定力。人一旦有了定力，就能心無旁騖的工作，就不會三心兩意，須知許多才質平凡的人，他們成功的要訣，就是自律。

依我看來，自律還代表著強韌的耐性。一般人談到耐性，總離不開堅忍一途。但對於真正懂得耐性的人而言，耐性卻是一種行動。他們用延緩報償代替放棄工作，把艱難的工作分成好幾個階段，延長完成它的時程，專心地工作下去，直到成功。這就像汽車不能對著陡坡直行，必須開出之字形的道路迂迴而上一樣。

自認平凡的成功者，總是帶著謙卑。他們相信自己個人的力量不足以成就大事，所以養成了多請教、多觀摩、多與別人合作的態度。

合作是成功的要訣。但是許多才智過人的人，卻顯得自負而不願找人幫助或一起討論問題，他們的命運總是在開始時前途被看好，但中局之後就開始黯淡下來。

合作的態度是一種無形的智慧，能結合各種力量去完成鉅大的任務，也能結合不同的才學，孕育驚人的創造力。合作這種人格特質，就個人而言，還是安全感和友誼的來源。所以禪法中很強調合作的訓練，叫做和敬的精神。

然諾與堅持

重然諾是一種高貴的心理特質；一諾千金，建立互信，是成功人生的核心問題。夫妻的互相信賴，建立了幸福的家庭；親子的互信，培養了健康活潑的子女；朋友的互信，才有合作無間、相互支援的事業成就。

我看過許多家庭或夫妻之間，彼此缺乏信賴和安全感。因此，他們互相懷疑猜忌，缺乏互助合作和信心，每天活在敵意之中，既缺乏溫暖，又失去積極的共同目標。家庭的破裂或怨偶的形成，都導因於不重然諾，最後全盤失去互信。親子之間亦同。

人必須對自己的人生有個然諾，才會自我肯定。對朋友信守承諾，才有長遠的合作和互助。對於國家社會也必須有個承諾，否則你就會成為游離的分子。當然，也要對這整個宇宙法界有一種正確的信念，否則就失去一種完整的自在感。我深信，當一個人缺乏那完整的信仰時，其心靈世界一直帶著某種程度的缺憾。

平凡的成功者較少對別人挑剔，較願意盡自己的本分。他們較少問別人對自己如何，但總想著自己要先對別人如何，所以發展出信守承諾和認命的信心，他們在多波折的現代生活中，似乎越戰越勇。

信心往往帶給一個人鍥而不捨、捲土重來的勇氣。捲土重來並非意味著執著在原來的工作上，而是指他們有著努力不輟的精神和重新檢討原訂目標的能力。有一位年輕人經過事業破產的打擊，幾乎身心俱疲，欲振無力。我告訴他說：「捲土重來！」

「那是不可能的。我已無法在原來的行業立足，不可能捲土重來。」

我說：「捲土重來不一定要在原來的行業，而且大部分能再振往日雄風的，都不是在原來的工作崗位上！你要認清，捲土重來是指重新打起精神，從現有的情境和資源中，去施力、去建構目標，要從小處著手，再往大處著眼，不斷鼓勵自己，去開拓新的局面。」

他休息了好一段時間，終於被我說動了，又跨出去，真的捲土重來，目前在一家貿易公司，幹得相當起勁。有一天晚上，他特地來感謝我說：

「我能再有今天的成就感，都是因為你捲土重來的鼓勵。回想事業失敗的當時，沮喪和消極幾乎吞噬了我的幸福，連家庭和子女都陷入陰霾。看看今日，我已有了安樂和豐收。」

「捲土重來，永遠不遲。」這對於陷入困境的平凡者而言，一直是內心世界不斷自我鼓勵的名言。

平凡的人與才華出眾者，分享同等的成功機會，但由於平凡的人自謙，所以受益；願與人合作，所以能創造奇蹟；不怕失敗，所以捲土重來獲得成功。因此，即使你是才智過人的人，最好也學學平凡者的性格特質。

在生活中開悟

人必須懂得在生活中尋找開悟，尤其是一位受過禪修訓練的人，更要把握當下，看出當下的理路，發現生活與工作的真理。

禪的本質無非為淨化自己的心，洗淨虛假的濃妝，照見真實的自己，篤實地展現人生；揮去意識世界的塵勞，讓智慧之光照耀前程；務令思想上的複雜、紊亂和矛盾理出頭緒，讓自己活得清醒覺照。

要重視省發觀照，培養光明的智慧，讓自己有能力解決問題，有定力去承擔，有源源不絕的悟力去照亮生活中的實相，這就能孕育心中的豪氣。所以修禪者要保持警覺，聽取一切有情無情為自己說法，時時在經典中參學，在生活中磨練。這裡我記錄三段自己的體驗，以供參考。

理想與現實

小時候每當春天來臨，就看到祖父在果園裡忙著為果樹接枝，那是改良果樹品種的技術，做起來並不困難：把果樹苗在離地三寸的地方截斷，修整妥當，在皮層的地方削一個入口，接上約一寸半左右的新枝，然後用月桃的葉子包紮起來，就算大功告成。我很喜歡跟著祖父做點雜事，幫他一點小忙，比如遞個月桃葉或麻繩，把剪下的樹枝小心翼翼地拿開。憑著這點本領，就能得到祖父慈愛的讚美。

我們祖孫一老一小，就有說不完的話。正因如此，我薰習了愛和慈祥，學到一些種植的知識，而祖父在每問必答中，也給了我許多待人接物的啟示。雖然，有許多答案現在看來是很荒誕的，比如說懷孕的產婦如果碰過新接好的樹苗，樹苗就注定會枯死等等。但有些道理卻很具省發性。有一次我問：

「祖父，把金橘接在柚子樹苗上，將來變成柚子頭金橘枝，橘子可以長得碩大。為什麼不把金橘接在蓮霧苗，將來不就長得又大又多嗎？」

他說：「孩子！兩種完全不同屬性的植物是接不活的。」

不用我問為什麼，他接著又說：

「樹苗是一個現實，柚子只適合接柑橘、檸檬之類的新枝。優良品種的新枝代表我們的理想，如果理想不能與現實銜接，那麼樹苗截斷了，新枝又活不成，那就會兩頭落空。」

祖孫兩人經過一番問答，最後田園又歸於平靜，過了一會兒，老人喃喃自語地重述了他的結論：

「不好的現實是可以改變的，改變的力量來自理想；理想是珍貴的，但若不能與現實銜接，理想無異於虛妄。」

這些童年往事，已經遙遠了，那片由老人家種植的橘子樹，由寸許之芽漸漸繁茂，而年年豐收，年復一年，橘子樹枯老了，現在改種蓮霧樹，儘管物換星移，祖父的教誡，卻因禪修而化做禪語，開悟了我的心。

割捨與成就

一九七七年，我從政大教育研究所畢業後，已工作了五年。當時，我跟淨空法師學佛，法喜充滿。有一天，蔡保田教授打來電話，勸我回學校攻讀博士學位。他語重心長，告訴我更上一層樓的重要。特別是教育部已同意帶職攻讀博士，這是千載難逢的機會。我也深知具備最高學位的好處，但仔細了解，我發覺博士級的課程，並非我的興趣，相形之下與淨空法師學佛學經，倒反而歡喜踴躍。但是，我還是在學位和學佛之間舉棋不定。

那時淨空法師開講《華嚴經》，開宗明義講述「世主妙嚴品」。他說：

「十方世界一切生，依其根性均各得自在解脫門。」

驟然開朗，也喚起過去祖父的教訓：理想必須建立在真實之上。我恍然大悟，猶豫之情一掃而空。當即決定繼續學佛學經。如今事隔多年，我還能在學佛和弘法上，保持著精進和悅樂，多虧那次殊勝的覺照。

看出新希望

我寫過許多書，作過不少的演講；許多人愛讀這些書，愛聽我的弘法演說，這也有一段殊勝的機緣。民國七十二年，我因為登山跌壞了脊椎，躺在家裡休息，最初不能坐，不能站，整天躺在客廳裡，非常痛苦，也很憂心將來的日子怎麼辦。日復一日，心情很是沮喪，整個人越來越消沉。

有一天，太太下班回來，她是我的同修，看到我愁眉苦臉，便對我說：

「先生！過去你所學的佛法都是拿來講給別人聽的，自己卻沒有受用。」她簡單的兩句話，卻對我發生當頭棒喝的作用。我猛然省悟，原來的沮喪情緒被一種新的願力所取代。驟然，我看出新的希望，要接納現實和自己，去過實現的生活。於是我決定寫書，並告訴自己，即使雙腿不能康復，也要躺著把佛法的生命智慧，寫出來與現代人共同分享。起初我躺著讀經、看書和寫書，我因工作而忘懷痛苦，領悟之處更多，從此寫作成了我生活的一部分。由於醫療復健和一心向佛的正信力量，病痊癒了，弘揚正信佛法的書也一本本寫出來，而且每一本書都受到讀者的歡迎。

經常有許多讀者在讀過我的著作之後，於生活和工作上有了很深的省發，使自己活潑振作起來，看出新希望，於是寫信或打電話向我致謝。我總是對他們說，不要向我致謝，而要向佛致謝；不是我的書好，而是佛法好。

這次病痛，我親嚐過一次念佛殊勝。受傷初期，我疼痛甚劇，躺在病榻，很想念佛，但不知何故，過去念佛常有的法喜，未曾出現。有一天傍晚，夕陽斜照，我告訴家人別管我，獨自爬進小書房裡，忍著痛苦扶坐起來坐禪，發願要念到與阿彌陀佛相應，虔心念佛。不久即入於忘我定境，只覺四周無量彌陀，清淨光明祥和，殊勝前所未有。陶浸其中，安詳悅樂，約一柱香光景，覺得腰脊卜卜震動，自動開靜。念佛覺來，一身是汗，通身舒暢，不知何故劇痛已除，攀扶著書桌，竟能站立行走。次日醫師告以，可不必開刀，我喜出望外。

學佛修持，可以令你在生活中福慧具圓，時時開悟，引領你去過實現的人生。另一方面，也有不可思議的精神生活體驗，這些體驗是修持的自然結果，特別是在根塵的緊縛解除之時，最能出現法喜。不過，我要提醒同修，不可思議的殊勝不是求來的，是修來的；要正信，不能迷信，精神生活自然開展起來。

除舊布新

開展自己的潛能，必須時時進修，檢討過錯，學習新知，不時充實自己，才能越發有自信，有朝氣，以下又是我個人的生活體驗。

我是在宜蘭的鄉下長大的，我們的村子以生產金棗聞名。一到歲末時節，就籠罩著收成的喜悅。特別是在鄉間小路上，村民寒暄，互道豐收，臉上綻露歡喜的表情，在童年的記憶裡，留下歲末就是豐收、溫飽和喜悅的印象。

祖父有一片果園，我經常跟隨他上園子工作，在收成的氣氛下，祖父的臉似乎更紅潤、更慈祥：他談話時嘴角總帶著微笑，現在我已記不得他對我說些什麼，但我感受到的是知足、溫暖和希望。所以，歲末在我的意識中，始終沒有「除舊」的感受，倒反而是一種溫馨和喜悅。

童年的經驗能影響一個人一輩子，我們每天使用的一些基本觀念和態度，都是從童年以前感受得來的。在我的記憶中，歲末還有一則感受，不斷在影響我。祖父在房舍的右側置了一個堆肥場，陸續把割來的茅草混合著垃圾、糞土等往上堆，一年下來堆積如山。歲末年尾，要動員全家，花好多天才能把堆肥挑到果園，均勻地鋪在果樹下。分擔這份粗重的工作，我也不例外。堆肥潮濕笨重，工作起來非常辛苦。有一次，我藉口開溜，玩了一個下午。晚飯後被母親訓了一頓，又動了家法，過後我坐在門檻上發愣，祖父拿了一張矮凳子在我身邊坐下，他說：

「你知道為什麼要施堆肥嗎？一年累積的堆肥為什麼要在這幾天下田呢？你要是知道它的意義和價值，就不會逃避沉重的責任和工作。」

當時我的觀念裡，除了覺得工作辛苦之外，實在沒有考慮那麼多，所以我只是沉默著。祖父接著說：

「你聽過蓄勁待發嗎？」他的漢文腔（閩南念音）聽起來很古文。

「我不懂。」

「那是說，今天吃飽明天才健康有力氣。年底施肥，春天果樹就會開花結果。春天施肥是來不及的，你有沒有聽過，『書到用時方恨少』，所以要在平常蓄勁，時節一到就是一片好景。」

我以為祖父還在訓我，所以只是沉默地聽著，他看我沒什麼反應，又說：

「山上那一片梧桐樹你看到沒有？」

「看到！」我說。

「你說說看！你看到什麼。」

「它枯了，要到明年春天才長出新枝嫩葉。」

「對了！梧桐一到秋末就會落葉，葉子化作養料，沃壯梧桐，蓄足了勁，第二年春天，梧桐樹又繁茂起來。種果樹的人家如果想要豐收，就得現在努力施肥。讀書求學也是一樣，要用知識和經驗當堆肥，去沃壯你的頭腦。」

寒冷的冬夜，家人吹熄了油燈，經過一夜的睡眠，第二天我仍然跟著家人一起工作，不曉得為什麼，我總覺得那些果樹似乎都在蓄勁，都在吮吸著施下的養料，我不自覺的工作得很起勁。也不曉得什麼時候，我完全消化了祖父的教誨，每天兢兢業業的去蓄勁。在此年終歲末，回想童年往事，不由興起幾分振作和蓄勁待發的情愫，這是我多年來，每逢歲末的特有心情。

談到歲末就會聯想到年初。俗語說，「一年復始，萬象更新」，絕大部分的人都會無異議接受它，認為它是正確的。但是我一直很懷疑這個觀念的正確性；我認為更新的事應該是每天每日的事，而不是一年復始，萬象才能更新。人如果只想著一年才肯檢討更新一次，那麼他頭腦所裝的一定是舊貨。他的思想一定像垃圾山，所以我懷疑這種陳腐的觀念。

我不喜歡「一年復始，萬象更新」這句話，還有一個重要的理由：如果一個人要等待著新年才要有新作為，那麼現在一定正在蹉跎歲月；如果寄望著明年才有好轉機，那麼現在一定沒有掌握時機。等待是消極的，它不如現在及時的努力。

有一次，我參訪一位老和尚，談到漸修和頓悟的關係。他說，如果沒有漸修就不會有頓悟，如果沒有頓悟就不可能進行深一層次的漸修。也就是說，沒有蓄勁就不能迎新，沒有迎新接受挑戰就不可能蓄勁。我覺得很有道理。最後，他告訴我說，蓄勁和迎新是不能等待的。他引寒山子的禪詩一句：

去歲換愁年，

春來物色鮮。

他說：

「去歲是蓄勁，春來是迎新，去歲是漸修，春來是頓悟。」

他停了停，又說：

「在禪者的眼裡，去歲即是春來，春來即是去歲，是不能截然分開的。」

聽完，覺得如飲醍醐，高明之至。

現代人習慣於年終檢討，我不禁要反問：為什麼不平常就檢討？許多人對未來的一年抱著期望，但為什麼不現在就踏著希望的腳步，向前邁去呢？

「年」只是一個時間的計算單位，不能拿它來割裂生命成長的進程，無論年頭年尾，應該是天天精進，日日是好日才對。

自勵和自立：肯定你自己

人不可以過度依賴別人的稱讚，那會令你處處在意，造成嚴重的心理壓力。人生最寶貴的事是能自我肯定，自己能鼓勵自己，自覺活得有意義，那就自在了。

把別人對自己的稱讚當做生活情趣的一部分，像春風拂面一樣，不留半點痕跡，那倒是無妨，如果過分依賴別人的讚美，成天在追求別人的掌聲，那就會活得很痛苦、很僵化、很不自由。

許多人的焦慮不安，是由於追求別人的讚賞而又得不到所致。在他的主觀意識世界裡，感到失落和空虛，從而尋求麻醉或逃避。而麻醉和逃避的方法很多，例如酗酒、吸毒、生病等等。此外，一味追求別人讚美，會把注意力集中在是否博得讚美上，以致忽略了欣賞別人、真心地愛人和關心別人，人際關係也將受到影響。

依賴讚美表示不能自我肯定，心情隨著別人的態度搖擺不定，對事情的了解與判斷經常陷於猶豫不決，當然錯誤也就難免。仰人鼻息看人臉色的人，他的自我功能自然受到破壞。

禪家把這種討人讚許的習氣，視做一種虛妄。它會導致生活偏離真實，是不可取的生活態度，認識到這一點，就能參悟：「無所得法。」所有造作和沽名釣譽的事畢竟是有害的，要徹底摒除才行，所以《心經》上說：

能認識到無所得法，

才能活在真實裡，

成就菩薩道。

康朝的仰山慧寂禪師，有一次問雙峰禪師說：

「師弟近日可有什麼心得？」

雙峰說：

「據我所知，實無一法可得。」

仰山慧寂說：

「這樣還會停留在塵境上，你為什麼不去追究無一法可得的那個人呢？」

在這段簡短的對話中，似乎更進一步去揭露一項生活的真實面：不追求讚美固然不錯，但更重要的是那個人的自我肯定本身。現在我們該明白了，人就是不能自我肯定，才須尋找別人來支持自己，很不幸的是這個方法會像無底洞一樣，越往外追尋越覺匱乏，那就是心理症狀和痛苦的根源。

於是，人要覺悟到不可乞討下去，要能做到所謂「唯能自肯乃方親」，一定要建立自我支持、自我鼓勵的自發自動系統，那就具備了如來的性格，是具足創造性的。以下我提出三個重要的法則。

充實自己的能力

人越有能力解決問題，信心就越好，越能自我肯定，自得其樂，無須依賴或渴望別人的讚賞。所以肯充實自己，開拓視野，學習新知和培養做人做事能力，是奠定自我肯定的基礎。

充實能力不是要樣樣精通，而是要依自己的工作和興趣，在某一領域上紮下好的根基。記得！要精於本行，努力提升能力；同時要在通識方面知所拓展，學習如何待人處世。充實自己的原則是：

- 積極吸收新知；要有廣博的知識，但要專精於一行。
- 要在實際工作中歷練。

- 要懂得延緩報償，有耐性地工作。
- 所學踏實能用。

能力和新知是成功的保證，是信心的來源。它令你無畏於別人的褒貶，而能自我肯定。《六祖壇經》上說「定慧等持」，只有具備豐富知識和能力的人，才能真正做到定和慧俱足的實現。

避免過份在意別人的評價

如果你很依賴別人的讚美，就會很在意別人對你的評價；你會無法明辨是非，而一意想討好別人，以致喪失澄心檢討自己的能力。你要關心的是事理，而不是別人的評價；不涉事理，不明是非的好惡評價，你可以置之一旁，因為它無益於解決問題、提升自己的能力。

多年前，我開始嘗試公開演說時，很在意別人對我的評價，人家說我講得精彩就高興；反應不熱烈就很在意，於是演講前總是很緊張，講完之後，又擔心別人的批評，這使我疲憊不堪。後來，我真正體會到禪家所說的：

無善無惡，

無是無非。

不評價自己，但檢討改進，只顧把所知所證的事理，很熱心地告訴對方，結果演講變成了談話，我覺得是一種親切的交流，甚至於沒有演講，或者更確切的說，壓根沒有想把演講講好的念頭。我自在地、誠實地、熱心地與聽眾做真實的交流。

要懂得檢討改進，弄清對錯，是非清楚，但要把別人在好惡上的評價撇開，自己才有自在可言。有自在感的人方有機會弄清事理，作明確的判斷。美國科學奇才費曼（Richard Phillips Feynman, 1918-1988）是一位很了不起的科學家和熱愛人生的哲人。他明知所愛的人罹患癌症，但還是與她訂婚、結婚，不管別人如何評價，他還是堅持愛的真諦。在他的自述中寫道，有一次收到太太寄來的禮物，打開一看竟是一盒鉛筆，鉛筆上印著：「親愛的理查，我愛你。貓咪。」貓咪是他對太太的暱稱。費曼覺得禮物很好，問題是它難免會不經心地被遺落在研究室，別人看了鉛筆上的字會怎麼想？於是他拿了一隻鉛筆，把上面的字刮掉才使用。次日，費曼又收到她的一封信，開頭就寫著：「想到要把鉛筆上的名字刮掉嗎？這算什麼？你難道不以擁有我的愛為樂？」然後是用大寫字體寫著：

「你管別人怎麼想？」

下面寫的是一首詩：

「若你以我為恥，你就是傻瓜，你就是傻瓜！」

人不能被別人的評價好惡牽著鼻子走，問題是弄清楚它，堅守真理。

費曼在科技上的成就是有目共睹的，一九六五年獲諾貝爾物理獎，一九八六年美國太空梭挑戰者號爆炸原因，也是他找出來的。

只有不在意別人的評價，不介意人家的毀譽，才能清醒地做人，清醒地思考和工作，精神生活才能提升，身心才會健康，才表現出人生的豪氣來。

健康的人格是成功人生和幸福生活的保證。你不可能用名位和財富來維持你的快樂，因為它是無常的。你也不可能永遠博得別人的喝采，又何況博得喝采的事不一定是對的。所以，最需要的就是從自勵和自立中肯定自己，而不是一味去乞討別人的掌聲，那會令你迷失。

陸

敬業與善群

透過敬業的善群，你能培養優質的心力，過成功的人生。

你活著就必須工作，工作的報酬除了得到活下去的資糧外，還給我們生活的意義，讓自己充實，覺得有一種價值和自豪的感覺。

沒有工作的人總是空虛的，即使他們具足活下去的財富。失業的人必然是不安的，因為它不但危及生存，面臨三餐不繼的不安，同時會造成一種莫名的恐慌。此外，有工作而不肯敬業的人，也會覺得生活失去意義，打不起精神，最後會破壞精神生活，損抑自家的豪氣，導致生活適應的困擾。

敬業使一個人工作愉快，有活力。敬業的結果必也帶來福報，而財富和金錢的使用，又成為影響工作與生活的環節。除此之外，你的子女也會影響你的生活和工作，許多人為了子女心智成長上的困擾，幾乎無法安心工作，甚至於後悔愧疚，自己只重工作而疏於子女的教育。許多壯年人，事業正邁向一片好景時，他的苦惱卻來自子女。一帆風順的事業，卻換不得稱心的一笑。因此，在這一章裡我要提出以下幾個主題：

●敬業樂業的態度。

- 和敬的人際向度。
- 轉識成智的創意。
- 錢、生活與工作。
- 親子之愛。

人要想在事業上表現出豪氣，就得從敬業、待人、用錢和子女的培養上多加用心。

敬業精神

敬業就是樂於工作，盡心把工作做好，從而獲得成功和喜悅。敬業的人一定樂業，樂業的人必然成功。畢竟，在乏味和被動的情況下，你不可能提高工作品質，也不可能在工作上發揮創意。敬業的人有一種認分的態度和堅持的習慣。就像唐朝百丈禪師一樣的堅持：

一日不作，
一日不食。

而且是兢兢業業地把工作做好，把它當做修行，當作與生命意義密切相關的問題來看待。也正因如此，敬業的人，一生都綻放著活力和光彩。所以峨山禪師說：

「工作就是修行。」

工作是歷練自己心智、激發精進、提高生活適應力和布施自己才智最好的方法。它使人振作、有活力、有朝氣……但必須具備敬業的態度才辦得到。敬業是利己利他的，是福慧雙修的；它不但帶來成功的福報，也帶來自己健康的生活態度。

中國自東漢佛教傳入以來，大多維持托鉢乞食的修行方式，但到了唐朝百丈訂禪規，開始有了敬業與工作的紀律。他們所謂的「出坡」和「普請」，指的就是工作和提供勞務。他們通常是認真的、盡本分的。更值得稱道的是：他們還培養一種不畏苦、不怕艱難、甚至忘懷辛苦的工作態度。

旅客冒雨走出旅館，等得焦灼不堪，終於看到一輛白色汽車停下來。開車的人自我介紹說，自己就是那位接電話的派車員，並恭敬的表示抱歉，且說今天早上忙得不得了！不能調派計程車來接他，只好開著自己的車子趕來。

這位派車員直送他到機場，婉謝他給付的車資。這位旅客在上機之後，翻開報紙，才知道「京都計程車今晨罷駛」的新聞。像這樣的派車員就是敬業。日本企業界似乎仍留存著這樣的敬業精神。

敬業是一種高貴的精神力量和生活態度。它能帶來很大的福報和進步。多年前，我訪問過國立清華大學張明哲校長。我們從禪學談到敬業，從敬業說到國家未來的技術工業發展。他說，美國在第二次世界大戰後，某公司積極開發一種精密高級光學鏡片，但總是做得不夠精密。後來從德國請來一位技師，很順利就做出來了。美國人問他，為什麼他的技術那麼好，他說：「設備一樣，差別就在這雙手，而手的背後是一顆敬業的匠心。」敬業並不是只有認真，更不是用功利的心所能培養出來的。我認為功利之心，反而使人更不敬業，功利意識背後，往往是一種墮落的開始。

依我的觀察，敬業者有幾項特有的性格特質。我之所以稱它是一種性格特質，是因為敬業這樣的態度，並不是膚淺的模仿所能習得的，它是深度的覺醒和自發自動的態度所形成的。它的特質是：

- 負責的態度：要有工作的熱忱，肯為工作花心思。
- 細緻的匠心：實事求是，力求品質的提升。
- 喜歡自己的工作：設法在工作中尋找樂趣。讓工作與生活融合，才能激發自己的潛能，展現工作的創意。
- 具備職業無貴賤的態度，這才能安於其位，樂於投入心血，把工作做好。

人必須培養熱愛工作的態度。熱愛工作就是熱愛生活。我們並不完全靠著工作的收入來生活。工作的真正報酬應該包括你的薪資待遇和你在工作中所發現的意義與樂趣。如果你能留意到這兩個層面，那才是真正的豐收，否則你會覺得「辛苦的工作只換來餬口」的無奈。

在我的諮商研究中發現，有些人的工作待遇不錯，但卻把自己放置在一個被動的角色上，漸漸失去了熱忱和動力，看不出工作有什麼樂趣，原先的敬業態度漸漸消褪。這時最容易發生被炒魷魚的困局。我總覺得，諮商晤談就像及時雨，在節骨眼上，給予適當的幫助，引導人去發現一個新的價值，再用它來激發工作的熱忱。

通常我把這種新的價值稱為志業。是要引發人看出生命的意義——一種精神慧命。或者更確切的說，那是去發現人生的信念，在精神生活上得到開悟，看出新的希望。這是禪的體驗，也是一種宗教體驗。當一個人接觸到這個精神生活層面時，他會活絡起來；其敬業的態度再度燃起，成為他生命意義的一部分。當他們體驗到它時，會對自己說：

「我熱愛生活，即使單調的粗活，也能看出它的意義和美好。」

許多人缺乏這種精神生活的體驗，因為大部分的人，從未對自己的人生參透出足以鼓舞自己的意義，所以根本無法去迎接生活上所發生的任何挑戰，當然連工作也提不起精神。

當個人體驗到自己的生命意義，原來就是實現與布施，是要透過覺有情的大愛去面對一切有情眾生時，他開始振作起來，因為他已接觸到菩薩行的甚深意。他會完全了解到《楞嚴經》所謂：

將此深心奉塵剎，
是則名為報佛恩。

這時，他的工作成為實踐深心的素材，他的努力成為奉獻塵剎的表現，他發現工作就等於報佛恩，從而激發了自動自發和認命敬業的態度。這個態度使他步入成功人生的歷程，因為許多福報就要出現在他的生活裡。

和敬善群

和敬是一種良好的人際向度，它能引導自己與人合作共事，培養敬業的態度，更重要的是它能產生良好的人際關係，帶來心理上的安全感。

和敬是禪家的主要生活紀律。

事和敬

前述《天下雜誌》對企業界用人需求調查，結果顯示在優先考慮用人條件方面，工作態度和敬業精神，超過專業能力，躍居第一，個人品德和工作穩定度則分居第三和第四。我認為這是很自然的事。工作態度正確，表示自己認真，願意與人合作，去達成工作目標。

人願意努力把工作做好，要求產品的品質，表示自己與工作發生認同。當然，能認同工作的人，較能用心思去創造和開拓新機，這就能敬業了。所以在工作上，人必須以和敬為出發，事業才順利，自己才有前途。

無論你是經營自己的事業，或者受僱於他人而工作，你一定要認同它，願為它盡一份心力；喜歡它，心理態度上要跟它認同，工作與人一體，心念與行動合一，工作起來既愉快又有創意，證嚴法師說：

「能一字和則無往不利，無事不成。」

難怪企業界選才以工作態度和敬業為優先。

不會的可以學，錯誤的可以改，肯努力的人永遠站在成功的步道上。如果自己的心力不能與工作認同，做起事來不能全心投入，既不能日新又新，又不能不斷檢討改進，無常變化的挑戰，將會證明此刻擁有的專業知識，不足以應付所需。不肯與工作認同的人將被淘汰出局。

最近，有一位朋友告訴我說，兒子從學校畢業，考上獸醫執照，想在自己開業前，到獸醫院去學些經驗，應徵了好幾個地方，面談之後都未被錄用。我這位朋友問我應徵工作有什麼該注意的。我說：

「要表達自己能認同所應徵的工作。」

朋友滿臉疑惑地說：

「怎麼表現或表達自己對那份工作的認同呢？人都還沒有去工作，怎麼會有認同呢？」

我解釋道：「如果你兒子對所應徵的工作有了認同，就會在面談前，深入去了解對方，透過朋友、師長和其他資訊管道，蒐集對方的現況、經營的方式、提供哪些服務、甚至營業狀況等等，這樣就能表現出相當的肯定性，取得對方的信任，那就是和敬的要領，是求職的重要條件。」

我們交談了許久，最後，我補充一句話：

「年輕人要培養自己成為熱心人，和敬是它的基本要領。」

過了幾天，朋友又打電話說：

「我兒子已經上班。他改正了觀念，不是為自己開業而求職，而是對寵物的興趣而工作；他應徵時說明自己在行業上的研究心得。面談得很投機，他被錄用，而且待遇不錯。」

我說：「請轉達一句話給你兒子：真正想學到經驗，仍然要靠對工作的認同態度。」

和敬是認同工作與敬業的態度；和則事成，敬則利達。敬是一種謙虛肯檢討、肯改進、不斷學習的精神。禪家常說：

「世事無常，要聽得懂無常說法才行。」

生活環境在變，觀念在變，社會及經濟生活也在變，如果不虛心檢討，那怎麼能進步存續？如果不誠心努力，不斷突破（解脫），怎麼能福慧增長？

一九九一年是ＩＢＭ公司八十年來第一次發生虧損，虧損的最大原因是資源的錯誤運用。於是，立即著手改革。然而在其八大改革策略中，「改造自滿的文化」經評估只得個Ｄ等，這是該公司亟須設法改革的重點之一。一個大公司一旦有了自滿的文化，就不太可能虛心地做全面而徹底的檢討。ＩＢＭ過去的成功經驗使其員工心存自滿，現在他們要付出很大的代價才能挽回頹勢。禪家經常提示弟子：

「在成功的同時，你已埋下失敗的種子。」

所以，在享受成功的喜悅時，必須警覺到成功的自滿，往往斲喪虛心檢討和改進的動力；成功的滿足感，很容易使人失去「和敬之心」。

人和敬

人的精神生活狀況，與其人際關係有著密切的關係。當自己跟別人，在心理層面上處於對立或敵意的局面時，便失去人和。事實上，一個人長期處於敵意或對立的心理狀況下，不但有著強烈的不安、孤立和寂寞感，同時也會產生自我中心的適應態度。

自我中心的人，無論他做什麼事，總是圍繞著自己，即使去幫助別人，還是想著自己；也許是為了名利，也許是為了安全感，也有可能是為了消除懼怕或不安。但無論如何，他與別人之間的關係一直處於「失和」的狀態。

失和不一定是衝突行動，有時在意識層面上的敵意和疏離，比為了競爭或利益的衝突更為嚴重。有一次，一位先生對我說：

「我需要跟你晤談，因為活得很痛苦；我看不慣許多朋友，甚至要對他們批評、起衝突，然後我又強忍下來，所以很痛苦。」

經過幾次談話，他開始意識到自己的防衛性很強，敵意很高，也認識到他只關心自己的立場，從未站在別人立場看看事態原委，其主要原因是他沒有去關愛別人，沒有建立和敬的人際關係。

不和敬待人，就會失去心理生活的寬廣空間，失去有容乃大的豪氣，漸漸陷於狹隘的心態，器量越來越小，就會像要窒息一樣感到痛苦。相對的，友誼的溫馨會漸漸失去，互相砥礪的機會失去，連心智的成長都會出問題。我知道他需要平安和諧的氣氛，更需要學習關愛別人，於是建議他到華藏講堂參加我講經的活動，接受佛學的薰陶，他慢慢走出自我中心，減低不安全感。經過幾個月，他告訴我說：

「老師！最近我的心胸開闊許多，我受佛法洗滌越多，就越覺得意識活動的空間越大，我漸漸能跟別人和諧相處。」

許多人在成長過程當中，很少注意到每個人個性因緣不同，價值觀念乃至適應方式互異，如果你不能以平等心來看彼此的差異，接納這事實，許多心理的衝突就會產生，那麼和諧的態度頓失。

和敬表示承認每個人都不相同，但可以互相尊敬，互相愛惜，那就會有友誼，有情趣，有彼此的尊嚴。禪家講：

「須行六和敬。」

這正提醒我們，要實踐身和（行動的和諧）、語和（語言溝通的和諧）、意和（共識的生產）、戒和（共同的紀律和規範）、見和（意見的交換）、利和（有利同享）。只有這樣，人與人之間才有喜樂，才有合作和團結。

最後，我要說待人接物，都需要秉持相敬的態度，這不是老生常談的事，而是一種殊妙的禪法，同時也是生活適應的心理學法則。

錢、生活與工作

錢有如水，能載舟，也能覆舟。

台灣在一九八〇年之前，社會經濟發展落後，賺錢不易；不像現在，只要你肯努力工作就能賺到錢，所以長輩總是耳提面命地說：

「要珍惜錢，沒有錢就走投無路。」

由於家境貧困，我在少年時代很能直接體會三餐不易的情境，貧病交迫又是何等窘困；手中無錢，簡直就像要手無寸鐵的士兵去打仗一樣的荒謬。於是，我很早就學會做點小生意。這件事情，也能令我在父母的面前，證明自己是一個有用的人。

我念高二的那年暑假，宜蘭遭到強烈颱風的肆虐，果樹幾乎全部毀損。我這個水果販就沒有生意好做了。註冊那天，學費無著，篤定要休學了。豈料當天下午，舅舅竟然四處張羅借給我學費，使我的學業得以繼續。我確實體驗到錢值得珍惜，它像是可以行舟的河水一樣，能載運，通有無。

現在回憶起來，過去在窮鄉僻壤的鄉下，許多資賦比我好的同伴都落在貧窮的陷阱裡，他們因為窮困而得不到應有的教育和成長的機會，我算是幸運的一個。錢，真是人生很重要的資財之一。

不過，錢有時也像是急流湍瀑，不諳水性的人，往往是舟摧楫毀，覆沒其中。在現代經濟高度發展的社會裡，許多突然致富的人，他們的幸福卻被錢所吞噬。在從事心理諮商的研究中，這類個案屢見不鮮。有一對夫妻，從結婚開始，便胼手胝足，努力工作，掙脫貧窮，年過四十幾許，手頭略有積蓄，購置了房產，兩人卻為著爭所有權而反目，彼此猜忌，互相傷害，恩愛夫妻化做怨偶，面臨仳離的處境。有一位男士，在祖產地價飛漲之後，卻一反過去儉樸的生活，縱慾於聲色場所，不過幾年，家庭破碎，錢也花光。錢有時候像是急流，它能覆舟。

依我的觀察，每個人的心中都有一位錢老爺在對他說話。不勞而獲或從事違背良心的不當營利者，他的非理性意識，在他心中漸漸形成一位邪惡不講理的錢老爺，引誘他作威作福，慫恿他荒逸聲色，生活創意漸漸僵化，思考和判斷逐日失去清明。另一方面，那些腳踏實地、用他們的力氣和智慧去賺錢、宅心仁厚的人。他們的情感和思想，就在他們的意識世界裡，凝聚成為一位睿智的錢老爺。他像舵手一樣，引導他航向幸福和光明的人生。所以，我深信孔夫子所說的話：

富與貴是人之所欲也，

不以其道得之不處也。

不當致富，往往與一位壞的錢老爺結緣，他會破壞健全的人格；影響情緒、情感和思考的正常運作。就心理學的觀點而言，不當的賺錢方式，對於精神生活而言是有害的。

美國開國先賢富蘭克林說：

「我深信一個人用自己的才智努力工作賺錢致富是正當的，但要記得慷慨地跟別人分享，然後恬淡地走開。」

這是人生的一大快事。能賺錢，取之有道；肯施予，用得恰當，是人格健康和自我實現的表現。

一位禪師在答覆信徒問到錢時，伸手握拳說：

「你看，如果我的手一直握著拳如何？」

弟子說：「那就不正常，是殘廢。」

禪師張開五指問道：

「如果手掌一直是這樣張著如何？」

弟子說：

「那是有病，也是殘廢。」

於是，禪師說：

「人要努力工作賺錢，但不能死握著錢不放；也不能揮霍浪費沒有節制，像張著五指一樣，漏得精光。最重要的是能開能合，能生產也能善用，這就是利用厚生的道理。」

台灣的經濟發展快速，年國民所得已增加到二萬美元。生活在這樣一個富裕社會裡，你一定要懂得賺錢，同時也要懂得用錢。賺錢是創造財富，但要取之有道；用錢是享受福報，但要運用得宜。要注意不被錢所誤，要當錢的主人，不要當錢的奴隸。在此，我願意就我的研究觀察，提出幾點有關錢的建議以供參考：

- 要認清賺錢是為了生活幸福；如果你苦苦去追尋錢而無視於生活，或者犧牲生活，那是禍不是福。
- 不義之財，不當的營利，即使豐收，但就心智成長、精神生活、子女教育、家庭幸福等總體看來，你失掉的可能遠比賺到的多。
- 切忌以情緒發洩或心理補償，如炫耀等方式用錢，那會造成浪費不得體，也會影響你身邊的親人，帶來許多不愉快。

- 貪婪是一種病，無論你有多少錢，心裡頭永遠是匱乏貧窮。
- 錢的最大用途是分享與再創造，在這前提下，錢能給人真正的幸福。

美國加州大學社會系教授亞伯朗斯基（Lewis Yablonsky）是一位研究金錢對人們情緒及人生各個層面的影響頗有成就的學者，他寫了《看，錢在說話》（*The Emotional Meaning of Money*，中譯本天下文化出版）一書，頗能提供有關錢的寶貴意見，幫助你過成功的生活。他說：

「錢是一種力量，這力量端視你是否能掌握它而定。」

這本書能幫助你積極調適自己對錢的情緒，指導你認清錢的本質，去過富足快樂的生活。更重要的是，這本書能協助你消除一些錢的心理壓力，增進婚姻生活，並提供教育子女的正確觀念。

你當然要重視錢，但不能著眼在貪婪上，而要著眼在對生活的肯定上。請留意！錢，你誕生時未帶分文，死的時候也帶不走它；我們的正確態度是珍惜和善用，而不是貪婪的占有和無度的揮霍。

親子之愛

人活著就離不開代代相傳的事，它是人生很重要的一環，如果你一味重視事業而疏忽了子女的教育，無可避免地將會是一種殘缺的人生。

每個人對自己的子女都有豐富的感情，希望他們健康幸福，期待他們有成功的人生。大部分的人，把子女當做心肝寶貝；照顧他，教育他，鼓勵他，提攜他。父母對子女的愛永遠是豐沛的。不過，光是愛是不夠的。如果愛裡頭沒有清醒的智慧，愛就會和慾望混淆，而變成需索和壓力。這樣的愛，對子女的心智成長非但無益，反而有害。所以佛法告訴我們要做到：

「覺有情。」

愛自己的子女並不是把自己的期望強加在子女身上，而是要引導他，依他的根性因緣去成長，去展現他有意義的人生。所以愛是關懷他成長，幫助他解決難題，尊重他的本質，了解他的處境，這就是覺有情。這樣的愛越豐富越好。

不過，依我的觀察，許多父母具有豐富的情愛，卻疏忽了清醒的理性，他們要孩子提早學習，搶先偷跑，好超越別人，卻沒有培養正確的求知態度。一心要求好的成績，卻沒有啟發孩子的潛能，孩子在短期內似乎表現卓越，長期下來，卻在心力疲竭中，失去求學和成長的動力。

最近，我和十來位國中學生家長閒聊，談到孩子們閱讀課外讀物的話題，有一位家長說：

「讀課外讀物，對於國中成績並無助益，孩子念國小期間，我買了許多偉人傳記給他，孩子也讀了。現在念國中了，卻越來越不愛念書，看來讀那些傳記對他並沒有什麼影響。」

另一位家長則說：

「陪國小的孩子念傳記是很有趣的，我們常被書中求真和刻苦的精神所感動。有時念一篇童話故事，會讓我們淚盈滿眶或歡樂不已。」

在閒聊之中，我發覺父母對子女的愛是深摯的、令人感動的。但有一個很大的不同。有些父母的愛是有能力、有啟發性的；有些父母的愛只是一種期望。前者常常化做熱心，化做力量，有創意，也有生命力；後者化做慾心，只是期望子女好，希望他們比別人強，在不知不覺中，他們摻入了自己的野心。

事後，我從他們的老師那裡得到證實：熱心者能提供有能力的愛，其子女心智成長良好，成績較優，生活適應也理想。而帶著濃厚期望的父母，由於野心混淆了愛，孩子的表現較不理想，尤其值得注意的是：野心傾向的家長不時帶著失望的表情，以沮喪無助的語言，調侃自己或批評自己的孩子。

我深知父母的野心能給自己和子女很大的壓力。他們很在意成績，得失心重，愛用自己期望的標準來要求孩子，而疏忽從根本處協助孩子成長。禪家說：

「馬車不動了，你是使喚馬還是使喚車子呢？」

誰都知道要使喚馬。但為什麼孩子成績不好時，卻只責備其成績，而不鼓舞孩子，幫助他發展潛能呢？這是野心作的怪。

一九四七年，美國有一位農夫寫信給愛因斯坦說，他希望自己的孩子能像愛氏一樣有成就，所以也給孩子取個和愛因斯坦相同的名字阿爾伯特。他希望愛氏能寫幾句話，做為孩子長大的座右銘。愛因斯坦給他的座右銘是：

真正有價值的東西，

並非從野心或只有責任感可產生的，

而是從對人及事物的愛與熱誠產生。

野心往往壓抑個人的潛能，使人失去創意，失去活潑的生活。更嚴重的事是，它會使自己的心靈越來越赤貧，在不停的追逐中，感到無限的飢渴。這種心靈的饑饉，是痛苦的，是焦慮的。

心懷野心的父母，在教育子女時會給他許多虛幻的目標，告訴他出人頭地的滋味，灌輸他壓倒群倫才是卓越的人生，指引他什麼才是大家羨慕的職業。孩子們天真無邪的照單全收，他們為了博得父母的愛和歡心，拍著胸膛說將來要當偉人，要做企業家，要當醫生，要做教授，父母和孩子都沉醉在一片虛幻的遠景之中。事實上，這段如虛似幻的美景也真令人陶醉。

有一天美夢破碎了，因為學習並不如想像中那般容易，好成績也不是唾手可得。這時父母開始嚴厲的督促，而期待孩子出人頭地的眼神漸漸的褪色黯淡，孩子對讀書開始有了壓力和焦慮。最嚴重的是：許多父母在這個關鍵時刻，未能及時正眼檢視孩子心智成長的問題，而一味責備他不用功，甚至予以羞辱。這樣就雪上加霜，更陷入困境了。

熱心的父母則不然，他們對孩子抱著希望，而不是野心。他們努力關心孩子的成長，協助他們解決適應的困難，而不是責備他們的挫敗。他們接受孩子，清楚的了解孩子，然後幫助他們開展人生。他們對孩子傳遞的心聲是：

孩子！我愛你正因為你是你，
用不著跟別人比較高下。
我有耐心陪你，
有熱心幫助你，
好展現自己，過有意義的人生。

熱心者內心含藏慧眼，能看出每一個孩子都是個寶。他能熱心地愛，熱心地協助：他們的愛心能帶來更多的成長和歡悅。

絕大部分的父母對子女都是關愛的。但是心懷野心，愛就會變質，結成許多苦澀的果子。而唯有熱心的父母，能提供有能力的愛和創意的指引，孩子才能開展幸福的生涯。這樣的愛，才是「覺有情」的菩薩心腸，才是我們社會最需要的教育智慧。禪家說：

「要直參那活水源頭。」

覺有情的愛就是孩子成長的活水源頭，它能沃壯孩子，令其成長壯碩，它正是一顆古佛的心，佛透過它來護祐你的子女。

柒

歡喜的豪情

心情愉快，即使是清寒，也影響不了幸福的人生。生活快樂，無須什麼憑藉，自然流露出豪情。

這是一個講求競爭、強調功利價值、強制每一個人去追求成長率的社會。因此，許多人被強烈的工作壓力壓得透不過氣來，特別是喜歡拿自己跟別人比較的人，更容易陷入心理壓力和惡劣情緒的陷阱。

心情不好，就不可能發揮創意和潛能；心理不健康，情緒惡劣，就談不上生活品質；體驗不到稱心愉快是什麼的人，當然展露不出自己的豪情。

所以這一章，要討論如何培養歡喜心，如何防範情緒逆轉，避免惡劣情緒破壞你的生活，影響你的工作。特別值得重視的是情緒性的懼怕和壓力，會嚴重影響你的健康和回應能力。因此我要從以下幾個方面來幫助你培養好心情：

- 培養歡喜心。
- 防範情緒逆轉。
- 超越懼怕。

●對付心理壓力。
●獨處之道。
●自由的心情。

情緒生活決定個人的幸福，你想活得好，就須好好調理自己的情緒。

心生歡喜

歡喜的心情令人感到幸福，同時也是身心健康的資糧。每個人都希望自己活得歡喜，但許多人的做法卻在製造不歡喜。

生活得不歡喜可能是現代人很普遍的問題，因為大家只知一味的追求和貪婪，而疏於回歸生活，重視生活本身的悅樂和興趣。最近醫學統計指出精神官能症終生盛行率約在百分之二十到百分之五十之間，且有增加的趨勢。

什麼是精神官能症呢？簡單的說就是生活適應困難，心理上感到痛苦，如焦慮、憂鬱、強迫症行為等等，或者從而導致生理上的症狀但又找不出病因的現象，最通常的是頭痛、消化問題和睡眠上的不良適應，其實精神官能症的最主要因素就是不歡喜。不歡喜帶給許多人心理的困窘和生理的疾病，雖然還能過日常生活，但活得很困難。它簡直就是阻礙個人生活快樂感和破壞工作效率的一種情緒症狀。因此一般又稱做心理症。

情緒上的調和，是提升情神生活的重要課題，因為情緒會干擾我們的思考和判斷，影響身心健康，左右精神生活的品質，所以在佛學和修證上，特別受到重視。《華嚴經・明法品》中特別提出，令自心歡喜的法門有十種，把它詮釋給現代人，用以豐富精神生活，是很具啟發性的。它的內容是：

- 要有積極振作的態度，凡事努力不灰心、不退卻（精進不退）。
- 不拈輕怕重，不逃避責任（不惜生命）。
- 不可養尊處優，不要被人服侍。接受服侍會導致依賴和脆弱（於諸利養無所希求）。
- 要努力工作，但不可執著名利色慾，要掌握空性才得自在（知一切法皆如空虛）。

●體悟自性建立正確的人生觀（善能觀察普入法界）。
●要有一顆獨立自由思考的心（知諸法印心無倚著）。
●訂定具體而正當的目標，努力去實踐（常發大願）。
●要有耐性，能延緩報償，才能達到成功（成就清淨忍智光明）。
●應檢討是非和對錯，但不能陷入情緒化的死胡同（觀自善法心無增減）。
●要生活在真實裡（依無作門修諸淨行）。

以上十點是能令自己活得充實成功、歡喜自在的方法。如果把它加以歸納，再配合我在心理輔導上的經驗予以整理，可以找出三個關鍵性的觀念。簡言之，歡喜的人生必須依以下幾個原則來實踐：

●要生活得真實（有目標）。
●要積極振作。
●要能容忍、有耐性。
●有正確的人生觀和自我價值。

現在進而對這四個原則加以解釋。首先，人要對自己真實。要如實地認清自己和所投入的周遭世界。人是用自己現在的現實去生活的；人的理想、目標和期待，都必須建立在真實上，否則就會被虛假或失真的觀念所誤導。人們最大的痛苦之一是不喜歡自己。他們埋怨自己不如人，不夠聰明，命運不好，健康不佳；一連串對自己不滿，使他失去歡心。這些人所以對自己不喜歡，是因為沒有真實地接受自己，依照自己的本質去生活、去成長。他所看的是別人的成就，而不是接納自己的現實，好好努力，讓自己在既有的基礎上成長和成就。

如果不是站在現在的基礎上，運用你的素材和本質，就注定不會成功、不會歡喜，因為你正在對自己疏離。我曾遇見兩位工友：一位很勤勞，接納自己的工作，一有空就念書，三年之後他考取特考，從工友一躍而為職員，他有信心，也滿腔歡喜。另一位工友則不喜歡他的工作，也不肯運用自己的資源，他好賭，玩六合彩，幾年時間，已落得身心俱疲。

熱愛自己的人必然能接納自己的現實，從現實中去看出希望。請注意，如果你是一棵矮小的茶樹，你就好好地去長出最高貴的茶，千萬不要把精力錯用在妄想成為大雪山上的紅檜。茶有茶自身的價值，紅檜有紅檜的價值，兩者都需要自己去肯定自己。

依自己的現實去訂目標，善用你現在的素材，那是運用你的真實，站在真實的地基上，必然豐收。反之，如果把眼光放在賭博的「虛望」上，他只是在賭運氣而不是靠著智慧和努力。

其次是積極振作。我年輕的時候，經常到山上去打工，在橘子園裡除草；當時沒有割草機，必須用掃刀，一刀刀很費力地把茂密的雜草和蘆葦砍除。這些野草剷平了，不到半年又長得跟人一般高，我說：

「野草真賤！半年長高到足以掩蓋果樹。」

果園的主人，一位老先生卻說：

「野草的生命力真旺盛，果樹像它就好了；不過，人的生活力更旺，半年就除一次草，施一次肥，來保證果樹的成長和豐收。」

這位老人似乎在勉勵我，接著說：

「肯幹的人，即使一片溪埔（河床）也會有收成；不肯幹的人，就是良田也要荒蕪。」

這些話正代表著台灣一九五〇年代的積極精神，他們熱愛生活，歡喜工作和努力。我認為是他們的精神在台灣締造出經濟的成就。新一代的年輕人，是否能培養自己胼手胝足的積極振作和拓荒精神，正是值得留意的課題。

無論社會如何變遷，經濟生活改變多大，積極與負責是幸福之路；無論生產方式如何進步，社會何等的開放與自由，沒有堅持和努力，就會被淘汰。社會越進步越繁榮，並不表示生活越容易。事實上，挑戰和有待努力之處一點也沒有減少。因此，積極振作的思想和態度，無論是落後的地區或文明的社會，都同等的需要。我們的困難和挑戰就像野草一樣，砍了再長，長了再砍，從初民社會到文明的現代，必須一直打起精神去剷除莠草，只有這樣才能保證幸福和歡悅。

就心理層面而言，在積極振作的背後，顯然存在著一種令人敬佩的人格品質——耐性。耐性是成功的必要條件；當我們遇到難題時，必須設法一步步去克服，把它分成幾個步驟，用更多時間和腦力來完成它。這就好像爬一個陡峭的山，必須採取「之」字形前進一樣，這就是耐性。

耐性不是空等，而是表現智慧和實踐的持續性能力。許多人以為時間可以解決一切，只要等就行了：事實上，問題依舊存在，甚至因為拖延而更糟，傳統的道德律一再強調耐性的重要，把它與毅力、堅苦卓絕、堅忍等等名詞混合起來解釋，最後還是用一個名詞來解釋另一個名詞。這使得我們對耐性的心理特質，難以具體的把握。於是，我把它分析成以下幾點：

- 耐性是指先苦後樂，先工作後享樂，先面對痛苦去解決問題，讓痛苦過去才苦盡甘來。
- 維持上項心理歷程的行為品質就是耐性，它經常是透過分段目標的方式來完成總目標。
- 耐性不是等待，而是推動；它是由興趣所導引，因此培養對工作的興趣，也就等於培養了耐性。

有耐性的人，深知先付出代價再享受成功的歡心。時下有些青少年，他們的口頭禪是：

「管他的！先玩再說。」

這看似瀟灑，他們不理會父母和師長的規勸，他們衝動、沒有克制自己和設法完成學業的意願，全憑一時興起的生活態度。這些孩子根本無心上學，繼續過著「先玩再說」的失敗模式生活，長大後便陷入失敗的工作、婚姻，甚或導致精神生活的潰敗。

此外，歡喜的重要來源是正確的人生觀，它正是你的人生藍圖，也是人生意義之所繫。你可以在美感、人道、智能、經濟、權利、宗教、快樂七個領域中建立你的生涯目標，發展你的事業，不過你要有與人分享的信念，任何東西，如果不是建立在與人分享上，你即使得到它，也失去它的光彩和意義。然而，這並不意味著要等到你擁有了一切，才來跟別人分享，你現在所有的知識、興趣、工具、友誼都可以跟別人分享。分享會帶來親切，帶來和諧的人際關係，更能帶來安全感和歡心。

任何東西如果不是建立在對生命的慈悲和友愛上，都會變得邪惡，至少是黯淡無光。當人生目標是建立在愛和慈悲上時，你的心胸就寬大了，你的情感自然能體驗到許多喜悅。

人必須為一個理念而活，而不是為物慾而活，理念能照耀你的前程，物慾卻會障蔽你的視野。當然，人必須為一個具體的目標而努力，也要把自己的角色扮演好；就好像人生是一齣戲一樣，要努力演好它。不過，你也要認識到它畢竟是戲，得失與好壞要寬心些才對。

歡喜心是積極振作的結果，不是享樂和好逸惡勞所能體驗得到的。拈輕怕重和好逸惡勞，往往使一個人不快樂；刻苦耐勞，展現有意義的人生，才能體驗到更多的快樂。

防範情緒逆轉

情緒在你的心靈世界裡，很像一條大河，你站在高崗遠眺，粗略的看它，覺得它蜿蜒如帶。如果你親臨細察，它有如洪流洶湧，而且常常發生漩渦逆轉，它往往是生活的陷阱，如果不懂得避開它，就會困在那兒打轉，脫不了身，邁不出去，你的生活就有了困頓煩惱，人生志業受到侷限，潛能無法施展到工作上去。

日常生活之中，突如其來的一件事，會帶來一股情緒，它可能是沮喪、空不虛、無助、慌亂或焦慮；也可能是激動、難以壓抑的怒氣或者難以平息的不安。情緒的逆流不是你的工作或事業的事實，也不是你跟家人或戀人的真實人際關係，它似乎像一片陰影，在影響你對事物的知覺。就像你用一個凸透鏡去看事物的瑕疵一樣，缺陷會變得很明顯，有時會把負面或不如意的一面作誇張的推演。這既會造成判斷上的錯誤，更嚴重的是產生消極性情緒，導致惡性循環。這種情緒性的錯誤認知和情緒逆流，便是禪學上所謂的妄念，《六祖壇經》上說：

若前念今念後念，
念念相續不斷，
名為繫縛。

人一旦陷入惡性循環，清醒回應能力已不復存在，許多愚蠢的行為就表露出來，所做的錯誤決定，令他後悔不及。

每個人都會遇上情緒逆流。我可以肯定地說，那些自覺心情不快或時運不濟的人，他們所遇到的生活難題，不會比別人多，而是不懂得有效處理它，以致長期陷於困境。

人活在不斷變動的環境裡，必然要面臨許多逆境，產生情緒逆轉。因此，你不能期待一切平順。期待一切平順是一種虛妄的幻想，也是一種錯誤或不切實際的想法。一般人用「事事如意」來祝福別人，還不如鼓勵他，為他打氣，支持他。讓他有勇氣克服艱難，成就其志業。

到佛堂企求平安，不如誠心檢討自己，找出情緒的盲點；培養自己的積極態度，去面對多變的人生；設法改變情緒習慣，讓自己清明自由。這就是覺，就是佛；覺的實踐者就是佛的實踐者。

依我的觀察，情緒逆轉大抵伴隨著一個事件發生。當個人遭遇到某一情境或事件，它若與過去不愉快的經驗類似，便會勾起過去紊亂、懼怕、不安等情緒，便發生了這種情緒逆轉。照理說，當我們面對新的事物或事件時，情緒不應該很複雜，但我發現有許多人，在面對一個新問題時，情緒起伏迴旋得相當驚人，他們懼怕、憤怒、不安！在還沒有弄清楚事態真相和採取行動之前，已被過去累積的惡劣情緒經驗所困，生的豪氣也跟著枯竭了。結果，問題還沒有解決，便已束手無策，這就是挫敗的主要原因。

在我的晤談經驗中，每每發現許多年輕男女，在愛情上稍有波折或誤會，就把它想到最壞，一廂情願墜入最惡劣的情緒——既忿恨又焦慮。情緒與想像互相激盪，形成了情緒逆轉，陷入極度悲觀和困擾，以致失去有效回應事實的能力，那就是失戀病。人可以失戀，因為他們性格不同，興趣和價值觀念迴異，所以他們揮別互道珍重：雖然那會是很傷感的事，但正常人應該有能力面對失戀，重新調適。發生情緒逆轉的人，便很容易停留在惡劣的情緒中打轉，那是失戀病。

防止自己掉入情緒逆轉的漩渦，是現代人維持心理健康、保持良好精神生活動力很值得重視的一環。因此，建議面臨情緒逆轉的人，要注意把握以下幾個處理原則：

- 斷然拒絕惡劣情緒的干擾。
- 培養體力帶動精神力量。
- 割捨消極的思想。

害你的神經系統，使你完全癱瘓，所以要很篤定的拒絕它。怎麼拒絕它呢？讓我舉個例子：有一次一位女士打電話告訴我，說她的先生豪賭輸了許多錢，她瘋狂似的發洩：「如果現在他回來，我絕對不會饒過他。」

我說：「當然！妳應該嚴重表示抗議。」

她說：「不！老師，我很想跟他同歸於盡，大家同歸於盡……」

她泣不成聲，斷斷續續地說：「我受不了這樣的折磨……看不慣他的行徑……我現在該怎麼辦？我好痛苦……該怎麼辦？」

我即刻告訴她說：

「聽清楚！我告訴妳，此刻妳要相信我！先去洗個熱水澡，同時勉勵自己唱幾首歌，年輕時唱過的好歌，然後找一本過去曾經激勵過妳的好書，專心地朗誦它，就會有一陣及時雨，如救頭然。請記住！要點是設法拒絕被惡虎似的壞情緒把妳吞噬。過一會兒妳可以再打電話來，現在先去做這些事。」

過了一個鐘頭左右，沒有回話。我一向不留案主的電話和任何記錄的，只好把它擺到一邊。過了幾天，她打電話告訴我說：

「謝謝你的指導！我成功地拒絕被壞情緒的巨浪捲走。當天，先生回家，我沒有跟他吵架。現在我公公婆婆已出面為我們溝通。其實情況並不那麼壞，可能當時是我把事情想得過份的悲觀。」

要注意！許多事情並不如想像中那麼壞，你要學會拒絕情緒逆轉現象。控制它，你就能充分運用許多資源來解決問題。

培養體力

體力和精神狀況是相互影響的，當你身體有病時，要記得培養精神力量來對抗病魔。當你精神受到打擊、心理有了負擔時，要重視生活的規律化，每天做適當的運動，既能蓄足體力，也能幫助睡眠，很快就有足夠的精力去應付諸多心理壓力和焦慮。

我們的難題是，當自己有了心理或精神生活上的困難時，往往也會使自己生活失去規律，又導致體力和精神力的損耗，這就是惡性循環。因此，人若想追求成功的人生，就必須懂得切斷這個惡性循環，切斷心力和體力的逆轉現象。

規律的生活是人生很重要的真理。我發現許多人並不具有這種習慣，最主要的原因是：任性放縱，以為那才浪漫、才自由。事實上，毫無限制的浪漫式自由，對於精神生活反而有害。

我總是提醒自己，越忙亂時，生活越須保持規律；愈艱辛時，愈須透過運動來保持體力。

剷除消極念頭

消極悲觀的念頭，是助長情緒逆轉的觸媒。請注意！要像剷除垃圾一樣，經常予以清理。當自己碰到難題時，會有許多朋友來看你。有些人帶來的是安慰，有些人帶給你鼓勵，這是令人雀躍的。但也有朋友帶給你的是心理世界的病毒，它會令你沮喪和消極，要把它當耳邊風，不要受他影響。在他離開時，要記得及時徹底的消毒。

真正的益友是給你精神上的支持，幫助你克服困難；而損友呢？他在你搖擺不定、心有不安時，告訴你一些令人卻步的訊息。記住！要把那些事實弄清楚，不要被懼怕給嚇壞。

有一位曾患過癌症的病人回憶道：

「獲知自己得了癌症，一時晴天霹靂，陷入懼怕的大漩渦裡，慌亂絕望，一時我很沮喪，陷入你所謂情緒逆轉的絕望狀態。後來，我的醫生鼓勵我，我的男朋友和父母支持我、愛我。我得到豐富的愛，使我有勇氣去尋找積極光明的前途。我決心和病魔周旋到底。」

這位朋友成功地克服癌症惡疾，而且很幸福的結婚成家，婚姻幸福美滿。她的結論是：

「要有信心，不要被消極的念頭擊倒，要相信醫師的治療，但最重要的是決心活下去的意志力。」

我總認為「有志者事竟成」不是一句格言而已，而是一則生命的真理，只有抱持光明和希望的人，才有活下去、活得幸福的機會。

要不斷的行動

情緒不佳的時候，最容易坐困愁城，人總是心想愁事愁更愁，焦慮度就愈來愈強。這時，許多人採取逃避的方法，不肯面對事實，解決問題，反而以「萬緣放下，心念不起」為藉口，走入負面性很強的無記空，經云：

「一念絕即死。」

人只要採取消極逃避，就會失去光明振作的智慧。事實上「萬緣放下」是指去除一切執著攀援，要靠自心光明的力量，產生自發性的行為。「心念不起」是指妄想邪念不起，好讓自己面對真實，看清問題，作正確的回應。因此，在遇到焦慮憂煩時，要保持行動，要擬一個具體的計畫，讓自己自強不息。

目前，我們社會上有許多閒人，他們不須工作就可以生活，而這些閒人族正是情緒症所侵襲的對象，因為他們缺乏足以振作自己的目標，以致長期活在欲振乏力的狀態。他們用很多心力去煩惱生活中發生的瑣碎小事，不斷把它擴大，形容他們鑽牛角尖一點也不為過。對於這些人，我總是引導他們去認識一個事實：

「努力去開拓一些新的嘗試：學個新的技能，參加社會服務工作，幫助別人，或者努力進修新知等等，不要讓自己活在空虛裡頭。心靈世界的空間是愈開拓愈大，愈退卻愈小。」

在佛家的經典裡，寫著一段令人讀了為之振奮的文字說：

「人身難得。」

它勸導世人，要積極振作，把握自己的人生；不要蹉跎遲疑，不要厭世消極；要及時把握光明性，努力去過自己真實的生活。

超越懼怕

陌生的環境容易使人緊張。換一個新的工作不免會有適應期的焦慮，應徵工作之前總是會患得患失，要去見一位權威的人士心裡常有怯生。這就是懼怕，懼怕是正常的，因為只有懼怕，才會注意力集中，才會思考周密，才會聚精會神去應變。所以你不可逃避這種懼怕，相反的，要堅持面對事實或問題，同時要把懼怕轉化成「慎思」的動力。

克服應徵求職的懼怕，最好的方法是對面談的公司和經理作充分的了解；知曉其業務，打聽其經營哲學，思考自己能對該公司作何貢獻等等。當你努力去作準備時，懼怕被轉化為創意和解決問題的動力。

懼怕是一種天賦，你要善於運用它，而不是抗拒它。要設法把怕的意識轉化為智慧，怕的情緒現象就成為事業成功的助力，這就是轉識成智。我曾經問過一位成功的企業負責人說：

「你決定做一筆大投資時，會懼怕或擔心嗎？」

他說：

「決定了就不再懼怕，但決定之前一定有相當的顧慮。不過這些懼怕和顧慮是成功的朋友而不是敵人，它幫助我把計畫做得更周詳，思考更周密。」

許多人沒有注意到懼怕的心理本質，一古腦兒抗拒它、逃避它，完全放棄它的背後蘊藏著豐富的寶藏。怕風險就不可能成長，怕失敗沒面子就不可能成功，怕別人閒言閒語就失去歷練的機會。逃避懼怕的人永遠失去好機會。

我年少時不敢面對許多陌生人，在市場做買賣，我很懼怕，但家境困難，令我不得不面對它。當時我把懼怕的心情說給一位做買賣的堂叔聽，他說：「這個我有經驗；因為你對做買賣不熟悉，所以你才害怕，如果把它弄清楚了，也就不會一天到晚空想一些狀況，來困擾自己。過來！我教你怎麼做買賣。」

於是他從斤兩、論價、購貨、出售和市場的實際狀況，詳盡的說了一次，我也問了許多問題，果然不再害怕，第二天我跟著他第一次到市場做買賣。結果很圓滿，原先擔心的許多爭執狀況壓根也沒有發生。

害怕是自己把事情空想到悲觀的層面上去，而又不肯去弄清楚時，才變得嚴重起來。所以，你要有無畏的勇氣，去釐清問題，去作明白的思考和計畫，那就是生活的智慧。《華嚴經》上說：

以無畏辯為其說法，
能令一切皆生歡喜。

能以不退卻的態度去思考，努力設法看清事實的狀況，就能明辨正法，啟開智慧，解決困難，獲得成功，令一切變得歡喜順遂。

懼怕，經常在你不經意時，發展成嚴重的消極思想，在情緒上衍生為強烈的憂鬱。人一旦陷入懼怕的想像，而又不能克服或解決它時，他陷入了無奈和無助的情緒狀態。一種消極性的無能感，使他看周遭的一切都變得沒有希望，都很悲觀，這就陷入憂鬱。

現代憂鬱人口逐漸增加。他們的生活變得沒有活力，缺乏朝氣和豪邁。在他們的心理世界中，一種莫名的消極性，像病毒一般繁衍開來，而那真正的病毒就是懼怕和無助。

人不肯去處理懼怕，把它轉識成智，化成聰明和智慧，來解決生活的問題；反過來就會被它給包圍，被它荼毒傷害，從而變得沮喪和無助。

有一位朋友告訴我，清明節他回老家掃墓，有幾房的靈骨已經自動遷出，另行他葬去了，剩下一部分的人，都人心惶惶，說什麼風水不好，都要各自遷葬。經過一番了解，其理由是：

「有一房的長子，年過三十，幾次提親都沒有成親。有一房的人口中有幾個人高血壓，一個人中風。另有一房的二公子在工地發生意外。再有一房的子女，變得游手好閒……。」

他問我：

「老師，風水真有這麼大的影響力嗎？那些還沒有遷葬的人都很不安、很憂鬱。」

我反問他說：

「你家族過去有許多土地，現在都漲價了、富有了，為什麼不給你家的風水記一個功？全家族有幾百個人，許多人兢兢業業，大部分的人事業有成，為什麼不說風水很好；為什麼獨獨有幾個人血壓高、中風、婚姻不順遂，就說風水不好呢？」

「血壓高要看醫生，要檢討飲食和生活習慣；提親不成，除了要自我檢討，更要認識婚姻是不可勉強的；子女游手好閒，要檢討自己的家庭教育。不要老擔憂祖墳的風水，要擔憂自己心中的風水。要遷葬的不是祖墳，而是心中所積存的壞習氣。」

「懼怕你家祖墳的風水不好，有一種無名的懼怕，它不能轉識成智，發揮自己的潛能，成長自己的德業；這種懼怕，會導致心智的萎縮。」

「要有一顆圓融無礙的淨心，風水會跟著你的心轉，那就得順利平安，如果你的心跟著風水去轉，那麼你就失去智慧，帶來不安。要心正意誠，要能理事圓融。這就是心中的好風水。」

任何一種懼怕，在沒有弄清楚和實際產生實踐性解決行動之前，一定會持續下去。但個人為了解除懼怕和擔心的痛苦，必須付出代價，這種努力對於人生的幸福是有意義的，而且是必須的。因此，我們可以說，當懼怕的事件來臨時，我們的基本態度要正確，在此我提出幾個處理原則供參考：

- 懼怕時，要找出具體的事實和原因，那些遙遠莫名的懼怕自然消失。
- 釐清問題的癥結，提出克服或解決的方法。
- 打起精神去實踐它，懼怕自然消失。
- 實踐之後，獲得了成就感和心智成長。
- 對你一時無法克服的問題，要分成幾個階段，慢慢去實現，就能產生耐性。

無知是心理世界中懼怕的根源。越少見識，就越怕參與公眾活動；越缺乏知識和經驗，就越不知所措。不過你如果硬著頭皮，肯去嘗試它，懼怕就自然消失。有一位太太，收到法院傳票，請她去作證，在開庭之前的幾天，懼怕把她折磨得憔悴不堪。她說：

「我怕極了，全身不對勁，心裡不安。」

我勸她打電話問國立政治大學的法律服務社，把事情弄清楚。我說：

「要問專家，不是問信口而說的親戚朋友；人多口雜，莫衷一是，更令自己六神無主。」

另一方面，懼怕的情緒是學習來的。我們在不知不覺中，從家庭和社會環境裡，學到懼怕的生活態度。比如說：怕別人提出不同的意見，以為那就是對自己的批評和傷害：怕表示自己的意見，以致不能自我肯定；怕被別人奚落，以致不敢主動去參與；怕得不到讚美，以致不敢表現自己。

在我的晤談經驗中，發現許多人的生活適應能力差，是由於懼怕，尤其是前述那種適應性的懼怕，往往不是對著一個真實事情，而有一種令他揮之不去的懼怕態度。這使人壓抑了潛能，抑制了自我實現的悅樂，失去心靈自由那種主動創造性。他的不快樂就是因為他學到一個錯誤的態度，但卻會困擾他一輩子。

對於這種適應性的懼怕，是可以克服的。既然你的懼怕是學來的，當然也可以透過學習而予以矯正。對於這樣的人，我的建議是：

●要鼓勵自己勇於嘗試，先克制幾次懼怕，去參與、去表示自己的意見。

●有許多人與你一樣，是要克制懼怕後才能自然的表達他應該表達的行為。我問過許多公眾人物，他們都曾努力克服過這個門檻。

●要注意，不要給自己找理由、找下台階；如果你想克服懼怕，就只有一條路——堅持下去，不可半途而廢。

●要由近及遠，由小而多，採取漸進的方式去努力。

過去我很害怕對公眾演說，大學時代，只要上台說話或即席報告，兩手都會發抖，但我並不姑息自己的懼怕，反而爭取許多講話的機會。回想自己的經驗，並沒有參加專門性的演講訓練，卻能改正懼怕的習慣，大多遵循以下幾個紀律：

●抱著熱忱，把所知道的經驗和知識與人分享，而不是要賣弄或炫耀自己。

●充分的準備，準備越豐富，越能產生信心，臨場就越鎮定。有內涵的演講，要靠自己不斷的進修。

●不要患得患失，自我中心的意識，最易導致懼怕。

不姑息自己的懼怕，要勇於克制它。

我從民國六十五年開始弘揚佛法，小型的演說只有十幾二十人，學校的社團、社會團體舉辦的座談我都勉勵自己參加。後來懼怕也就不再騷擾我了。懼怕是每一個人都有的情緒反應。它並不那麼令人嫌惡，只要你克服它、運用它，它會化做一種心力資源，成為你成長和開拓潛能的助力。《無量壽佛經》上說：

善學無畏之網，
曉了幻化之法。

你肯勇敢地克服懼怕，懼怕這種幻化的心情就會消失；你若能了解懼怕只不過是幻化的情緒作用，而不是真實的事態，你就有勇氣去克服它。佛經上所謂，「善盡苦道無所畏」，指的就是要付出努力的代價，才能克服一切懼怕的心態。

對付心理壓力

我從事教育和心理諮商研究，發現現代人普遍被心理壓力壓得透不過氣來。過重的壓力，顯然影響許多人的健康，經常生病，大病雖無，小病連年，吃藥成為飲食的一部分。另外有不少人經常覺得全身痠痛，尤其早晨起來，更是疲憊沮喪，顯然他是帶著緊繃的肌肉和情緒上床，壓力阻礙了他鬆弛和安適睡眠的調劑過程。也有些人經常情緒不好，易怒、疲乏和急躁，他們的工作表現欠佳，人際關係也有許多困難。

壓力是現代人必須面臨的課題；生活在現代社會裡，不可能沒有壓力，因為生活的社會就是一個競爭的文化，你不得不學習克服它。其實，壓力也並不是那麼壞，許多心理學家指出：適當的壓力是一個人振作、成長和開展實現人生的動力。

壓力本身是我們的煩惱和困擾，它同時也是活得朝氣蓬勃、令我們打起精神、獲得快樂的根源。所以唐朝的慧能大師說：

邪來煩惱至，

正來煩惱除。

壓力是否成為你的困擾，完全要看你對壓力有沒有正確的認識，自己是否知道去調適和紓解。據我所知，美國許多心理學者主張在中學的階段，就教導學生學習紓解壓力，他們相信越早學習紓解壓力，越有益於爾後克服焦慮，以及在學習和社會適應上有所助益。

人如果想要克服壓力，就得先了解壓力的來源。因為你一旦察覺到壓力的作用，就比較有心理準備，它就不容易擊倒你。人可以透過對壓力的預期心理之調適，減低它的威脅和負面影響，比如說某甲一到考試，就會緊張得睡不著覺，那是因為他預期會睡不著覺，而又急於期待自己睡著，在這種矛盾預期下，他陷入困境。反之，如果某甲預期睡不著，索性就讓自己睡不著，好好安排，認真讀書，不想睡就不睡，那麼預期和動機同步了，反而篤定起來，在沒有掙扎之中，得到應有的平靜。我認為現代人的心理壓力來自以下幾個原因：

- 逃避自由或不肯負責會導致壓力。
- 開放的社會中，意見分歧，自己拿不定主意會產生壓力。
- 講求競爭和成長率的文化裡，人很容易被驅使得心力耗竭，產生強大心理壓力。

在自由的社會裡，自由不是自己想做什麼就做什麼，而是賦予自己作決定的權利。凡事必須自己來做選擇、來作決定。在我們的心理活動系統中，作抉擇並非易事，因為他必須面對許多矛盾和衝突，有各種不相容的因素要考慮，所以自由並不輕鬆，自由表示給個人加重了責任，它在心理上自然構成壓力。就心理疾病的病理而言，人如果不肯面對壓力，而想找藉口逃避，就會形成心理症狀。就一個青少年而言，他不肯為自己的學習負起責任，所以透過逃避的手段形成拒學症。

在過去封閉的社會裡，人被許多因素決定。許多人生下來就注定當佃農，他不覺得當佃農有什麼不對。他沒有自由，但相對的也不必為自由付出代價，因而無須承受心理壓力，因為他在一個固定的價值系統中，可以依賴別人為他作決定。可是自由又是何其甜美，因為人可以作主，可以選擇自己想做的事，這是很大的誘惑，但他必須承受為自由所產生的壓力。

在民主開放的社會裡，人人都得到自由，但他必須隨時隨地作抉擇，並為自己負起責任來。他沒有依賴的對象，責無旁貸。有些人自我功能好，他能自由自在的解決所面臨的問題，自由成為他的幸福。有些人自我功能差，不能為自己作有效的抉擇，並付諸行動，自由變成他的負擔。很明顯的，在自由開放的社會裡，如果在教育上不重視國民自我功能的陶冶，那麼這個社會就會出現許多心理症的人口，甚至犯罪率也會居高不下。

其次，開放社會下，價值觀念分歧，各種生活方式和態度，統統表現在你的跟前，有些你贊同，有些你反對。你當然要接受你贊同的，但你也必須包容不贊同的，如果不能做到這一點，壓力和衝突就隨之而起。夫妻來自不同的生活背景，對於生活的價值觀念不同，如果不學習互相尊重，兩人的衝突則經常出現，它會破壞家庭和諧，構成嚴重的心理壓力。

在開放的文化大環境中，兩代的價值觀念，就存有極大的差異，上一代的勤儉樸素與年輕一代的流行時髦不同；儲蓄的觀念和消費理財觀念互異；含蓄保守之美和浪漫之美的差別更大。其實親子兩代間的許多觀念都不相同，它帶來許多摩擦，也給個人許多看不慣的壓力。

許多父母在看青少年無拘無束的活潑言行時，不禁責備他們沒大沒小；遇見孩子們愛插嘴表示意見，便指責他們「大鍋子沒滾，小鍋子強搶滾」。親子之間的溝通不良，所產生的壓力是很大的。特別是子女不聽話，在外頭肇事，不肯悔改上進，那種令父母氣昏喪心的事情，更是難以忍受。

其三，我們生活在強調效率和講求成長率的社會裡。每一個人生來就不明就裡地被驅使著，要去跟別人競爭。講效率的結果，往往把自己的力氣全部榨乾。強調效率很容易化作工作狂，增強了急躁的性情，這是壓力的來源。尤其是透過競爭來表示效率或成長率時，那就更容易破壞其正常的生活。

在功利價值很重的社會裡，人們很容易把自己的抱負水準提高，要求自己十全十美，希望比別人有更大的成就，給自己的工作更多期許和優良表現。這並沒有什麼不好，但當抱負水準提高到自己能力沒有辦法實現時，便開始憂鬱、自卑，給自己許多評價式的自責，對於心理健康的損害殊大。

有了這些壓力就會覺得痛苦、憂鬱和不愉快。許多人對於心理壓力所產生的痛苦並不清楚，只覺得嚴重的不快樂。我經常聽到有人傾訴：

「我不知道為什麼自己不快樂，總覺得若有所失，或有危機要來臨。」

過去曾經有一位六十歲左右的老人找我談話，他在年輕時，為了使事業做得更好，他全神投入事業，也到過國外投資，與朋友合夥開工廠，長年擔憂風險，勉強辛苦，犧牲幸福。他長期的勉強力拚，令他身心俱疲。

生活在現代社會裡，不免有許多壓力干擾我們，如果我們不知道調適，日積月累，對於精神生活當然會有嚴重的影響，特別是自尊低落的人，更容易累積壓力。我發現許多人正處於沉重壓力的境遇中，那是很痛苦的。因此，現代人一定要學會紓解壓力，否則就等於天天在自己的心靈世界堆積垃圾，製造污染。所以美國從一九七〇年代開始，許多州在中學階段即開設如何紓解心理壓力的課程。

反觀我們的中學生，功課沉重，升學考試壓力大，父母望子成龍、望女成鳳的壓力尤其大，如果不教導青少年如何紓解壓力，對其身心健康將有嚴重的影響。我認為教育界若不及時重視教導學生紓解壓力的方法，那麼精神官能症的人口將會快速增加。根據了解，目前罹患精神官能症的人口高達總人口的四分之一，如不及早預防，後果堪虞。

我認為對付壓力最好的方法是提高自我功能，而不是辭掉工作。個人的工作必須符合自己的心智及體力條件，固然不錯，不過既然現在你已擁有它，你要先設法提升自我功能，而不是設法放棄工作。因為自我功能強，承擔的能力也就增加。我不贊同放棄工作，而採取逃避的態度，那只會使壓力越來越大。

事實上，壓力困擾的程度端視自我功能與工作負擔的比值而定，自我功能大於工作難度，承受心理壓力就小。自我功能小於工作難度，承受的心理壓力就會增大。通常我在幫助諮詢者處理壓力時，注重以下三個要點：

- 找出真正的難題，幫助並鼓勵他學習克服之道。
- 協助他看出工作的意義，好增強自己的信心。
- 鼓勵他運動，調整飲食習慣，培養抗壓的體能。

曾經有一位年輕人來看我。他說他想辭去教職，因為教學工作對他構成嚴重的壓力。我問他辭去教職之後，有何打算？準備做些什麼？他茫然沒有打算。我知道只要他把工作辭去，即刻會墜入更嚴重的失業壓力；在晤談中，我教他逐一檢省工作的困難，列成一張表，加以歸類，然後研擬解決的辦法，例如：

1. 教室管理和對付頑皮學生方面設法進修，以提升處理教室突發事件的能力。
2. 蒐集相關教學資料，豐富教學內容，提高學生興趣和教學的信心。
3. 每天準時就寢，上午六時起床，作二十分鐘慢跑。
4. 每天寫下教學工作對自己人生的意義。看出教師生活中的積極性和優點，每天都要把以前所發現的優點再重複寫一次，並予以補充。

這些作業是增強自我功能的簡捷方法。經過一段時間的諮商和不斷練習，壓力便得到紓解。自我功能是一個人解決問題和適應環境的能力。若能在工作中和生活上，檢討並予以補充，抗壓力增強，精神就容易振作起來。

獨處之道

我們現有的文化，似乎很重視社交和人際關係，而忽略獨處之道。其實，每人每天獨處的時間，占很大部分。假日或下班回家，常有機會獨處；睡眠或睡眠前的清閒是獨處，一個人默默工作也是獨處。你仔細想想，獨處的時間真的很多。忽略獨處的藝術，往往使自己活得窘困不安。

人必須有時間獨處，因為它給我們閒適、輕鬆和自我反省；更重要的是，它提供陪伴自己的機會，讓自己享有自在感和統整感。一個人若不懂得與自己相處，就會覺得孤單、寂寞和無聊，他將急於逃避獨處的無奈，因而有許多錯誤的娛樂和行徑。

人總是無聊時才滋生歹念；不肯陪伴自己時，才失去身心安頓的機會。逃避獨處，無異疏離自己、冷落自己，於是精神生活會越來越貧乏。通常，越不喜歡自己和挑剔自己的人，越不善於獨處，他不是急於尋求麻醉，就是焦慮得胡思亂想，不得安靜。

採取麻醉以逃避獨處是陷入更深精神困境的歧路。麻醉的手段是酗酒、賭博、色情、吸毒等等，它既不能獲得自在感，又不能提升自我功能。這種自處之道，除了更進一步糟蹋自己，破壞家庭生活，使自己更頹廢、更自慚形穢之外，沒有別的意義。

失眠是另一種無法獨處的精神反應。失眠原因很多，有其生理的和心理的原因，但最普遍的心理原因是不滿意自己。不滿意自己是一件嚴重的異質意識，它必須被排除於意識領域之外才行，於是把它流放（潛抑）到潛意識裡。久之，在人的意識裡似乎沒有不喜歡自己的想法，但它卻會在獨處時，化做種種念頭，回來嘮叨，使人無法安寧，甚至影響睡眠。也就是說，原來不喜歡和自己獨處的矛盾，並沒有消失。

因此，我們要學習獨處。禪很重視獨處能力的訓練，它叫閉關。閉關是要透過自己來肯定自己，自己和自己和諧相處，讓現實的我和理想的我可以相融會；讓真我可以陪著他們和諧相處，不發生割裂和矛盾。閉關代表著下列重要的涵義：

●透過獨處而放下野心和貪執，從而使自己內在心理世界漸趨和諧，那就是修禪定的本意。

● 在閉關時，必須積極勤勞的努力學習，使自己的能力得以提升，自我功能越發健全。

● 透過獨處而學習體驗生活本身的悅樂，而不再依賴外來的刺激使自己快樂；生活如依賴外界的刺激才能快樂，就表示生活本身不快樂。

● 閉關不是逃避，而是精進；不是孤僻，而是一定時間的學習身心安適，培養自己熱愛生活。

閉關時間長者有一、兩年，短者有一、兩個月，佛制裡結夏安居，其實也是一種閉關。閉關有較多時間獨處，目的無非是培養禪定和自己熱愛生活的能力。

其實，每天都可以透過一段時間獨處的方式，來達到閉關的目的。每天都有時間獨處的人，要作積極的利用，而不能放任致產生孤獨和寂寞。要透過獨處來豐富自己的生活，而不能讓它白白的虛擲。我建議你善用獨處的時間從事以下的活動：

學習新知。獨處時，內在的心理世界仍然延續著一些對話。情緒焦慮的人，其對話通常是評價性的苛求自己、不滿意自己。無所事事的人，獨處時則顯得空虛無聊，因為他沒有對話的素材。因此，獨處時最好的方法是閱讀；讀經典、看名著、閱書報、作札記等等。它使自己的心理對話有內容，不致陷於空虛和胡思亂想。另一方面，閱讀好書，可以增廣新知，擴充見聞。當學識領域漸漸擴大時，自我價值也跟著豐富化。見識廣博和能力提升，是健全自我功能的重要途徑。自我功能越好，心理越安定，焦慮和心理壓力也越減輕。

體驗生活。人因不能在日常生活中體驗到生活的樂趣，才會覺得空虛。他的自然反應是去尋找刺激，通常都是聲色之慾。這是在不能獨處之後衍生的生活墮落和迷失。因此，獨處時要能創造並欣賞自己的生活，你可以做點家事，把家佈置整理妥當之後，會有欣然悅樂之感。你可以插一盆花，發揮你的創意；你可以找出樂譜，清清嗓子，舊歌新唱；你可以修補家具，化腐朽為新奇。這些都能令你體驗到生活的創意和喜悅。獨處時若仍然能保持你的主動性，就能體驗到生活的喜悅和充實感。

保持閒情。心中無事，一片閒情，是很悅樂的。它既有充實自在的感覺，又有神清氣定的安適。這是最真實自然的禪定，不是勉力為之的強定。在這種心定神閒的狀況下，思考和行動都是清醒的，情感也變得敦厚溫文起來。培養閒情的方法是恬淡和少語；少慾知足就是恬淡；不多話、少是非就是自在。特別是家居，不要對家人嘮叨，要保持寧靜單純。沉默是金是千真萬確的，因為它給你安詳平靜。每天臨睡前一小時，如能保持少語，少說少批評，萬緣放下，自然能體會獨處的奧妙，睡得恬適。

現代人是忙碌的，每天要為工作操心，為前途打拚，精神生活壓力很大，偶爾有機會獨處，又覺得孤獨苦悶。日久弊生，便開始疏離了真正的自己，覺得空虛、焦慮和不安。因此現代人要重視獨處，它能帶來安適、寧靜和充實感，同時也能孕育活力，以適應忙碌生活。最後，我要補充說明，珍惜獨處不是強迫自己和別人分開，而是要善用獨處的時間，並安排讓自己有閒來無事的自在。

自由的心情

人是否活得自在愉快，活得有創意有意義，端看他的心靈是否自由而定。心靈越自由，自我功能越健全，生活越有活力。我們可以說，自由的程度與心理健康成正比。自由程度越差，表示心智的僵化越嚴重，生活適應容易發生問題。

在禪家的說法，心靈的自由就是見性。見性是指心理活動沒有僵化，沒有障礙，能夠清醒的回應周遭環境。無僵化偏執的心智就是清淨，過覺照的生活是智慧，合起來就是見性。故《六祖壇經》說：

自心常起正見，
煩惱塵勞常不能染，
即是見性。

見性就是心靈的自由，它的經文解釋是：

「內外不住，去來自由，去除執心，通達無礙，能修此行，與般若經本無差別。」很明顯的，自由心靈在修禪時是一個核心的問題。

自由是心理生活的重要課題，但它常被誤解為放任或為所欲為，甚至有人以為縱慾也是自由，這是很不幸的事。在心理學的立場來看，縱慾表示一個人不能自我控制，放任和為所欲為表示被物慾所迷，那是稱不上自由的。真正的自由是活潑覺照，是創意而非僵化，是自主的，非物慾或外境的奴隸。

一個人能夠堅持原則去完成一件義舉是自由，能獨立思考做正確的判斷也是自由，能維持心理健康更是自由。自由是每個人本來具足的，人所以有煩惱障，有業障，有所知障，是自己找來的。失去心靈自由最常見的有以下幾個主要原因：

- 對稱讚的過份依賴。
- 經常挑剔自己。
- 壓抑自己（道德強迫習慣）。
- 縱慾和貪婪。

人都喜歡別人的稱讚；子女為了討得父母的稱讚，願意聽從父母、師長的教誨，學習必要的知識和技能。獎勵在促進個人學習活動上所以有效，是運用討人稱讚的人格特質，應用它來建立學習的興趣。不過，這樣的興趣並非對所學真的有興趣，而是為討得稱讚而學習。有一天，那些稱讚不足以構成他的興趣時，便不肯再努力用功。因此，透過稱讚或獎勵來學習只是初期的誘因，在獎勵的同時，必須建立他對所學知識技能的真正好奇和興趣，才能拓展主動學習和心智成長的正途。有許多孩子早期很用功讀書，到了中學以後，反而不肯用功。父母親的獎勵都不起作用，正是因為沒有培養對所學產生興趣的緣故。

如果孩子養成過份依賴讚美，他會為了掌聲和稱讚而努力。何處有掌聲，何處就是他想去的地方。失去自由判斷，失去真正的抉擇能力。如果這人有機會表現自己，便會極盡心機去發展；他為了獲得稱讚，可以不顧一切。如果他得不到機會施展，就會不由自主的憂鬱起來。他就有了心理困擾和精神症狀。

每個人都有自我檢討的機制，它是維持自己日新又新、努力向上的動力。

自我檢討必須對事，而不是對自己的評價。針對事理可增進一個人明辨是非、拓展覺照的獨立思考，對心智的發展有正面的幫助。反之，如果把方向指向對自己的挑剔，不斷進行自我評價，而活在得失心中。一旦有了挫敗，便有了自卑或能力不足的感覺。有許多人對人很客氣周到，卻常常覺得自己處處把事情弄砸；或者他實際上很聰明，卻一直覺得自己很愚笨。這樣的人往往覺得苦惱，很不快樂，甚至連夜裡都不能安眠，他的心靈已經不自由了。

有一部分的人為了逃避挑剔自己的不安，採取誇大自己的方式，強迫性地不斷表現自己，愛出風頭，他用各種方法或噱頭來掩飾自卑的弱點。他不斷的往外追求，結果並沒有因為得到那些頭銜而情感安適或自在。他緊緊地被一些渴望所束縛，卻不知道渴望的是什麼，這是發展成貪婪性格的原因，也是嚴重的不自由。

壓抑自己是另一種失去自由的原因。有些人因為要當一位有道德的人，而每天勉強壓抑自己。他很怕別人說他不道德；於是言行拘謹，每天擔心觸犯了規條，最後那些規條把他的智慧完全縛死，變成沒有生機的生活。他壓抑了自己，使生活得不到開展，失去創意，陷入了困境。

許多心理不健康的人，或生活缺乏活力的人，有嚴重的道德強迫性反應。他用許多規範把自己箍死，而不是用規範作為訓練自己開展智慧的憑藉。規範是心智成長的指引，它是工具而不是目的。要用它來啟發智慧，而不是用它來讓自己失去心靈的自由。

縱慾和貪婪是另一種不自由的表現。縱慾者是不能自制和自治的，只要引誘一出現，就會六神無主，不能自已。縱慾和貪婪正好和自我壓抑的人相反。前者的心態經常像波濤洶湧的急流，危險萬狀，不能行舟。後者像一潭死水，根本就走不出去，甚至於比死水更糟，它是一潭臭水。這兩種都是精神生活上的悲劇。

壓抑的人是了無生機的痛苦，縱慾的人是不能自拔的無奈。健康的生活態度不是壓抑，也不是任性，而是要用你的自覺去看清生活的本質。當然，你也不是為乞討別人的讚美而生活，重要的是要能接受自己、喜歡自己；你自己都不喜歡自己，經常挑剔自己，要等別人來喜歡你，這不是很糊塗嗎？

有幾項建議可以幫助你心靈自由的復甦，這幾個原則要每天用它，特別是煩惱來襲或不能自制時，要用來護持自己：

●每天要依自己的現實條件，做一件值得自己稱道的事。讀一篇文章，學一點新知，幫助別人，記下自己寶貴的生活體驗等等，然後對自己鼓勵一番。

●檢討自己，不是挑剔自己，要對事而不是對自己品頭論足；要把消極的自卑踢得遠遠的，並以高興的心情去迎接自己新的改變。

●要鼓起勇氣，支持自己思考過的決定；真心思考過的抉擇是不會錯的。

●學習恬淡，要看重生活的本身，而不是占有的慾望。

心靈的自由是健全人格的基礎，是幸福的根，智慧的源頭。禪家所重視的見性是「展現自由的心」，而不是任性，是使我們生活活潑自在，而不是壓抑成死寂的灰暗。

捌

生死大事總須參

能參透人生的意義，就能活得莊嚴，有豪氣、有意義。

我因為研究佛學和心理諮商的關係，有許多機會接觸各年齡層的人。看到人類許多生與死的苦難，了解其精神生活。傾聽他們的心聲，覺察到一般人不易知悉的心理活動現象。我認為影響精神生活的因素多而複雜，其中對於生與死的認知和態度，是左右精神生活品質的重要一環。

人若從求發展的觀點去看生命的歷程，顯然只看到其中的一面，而且很容易變得急功近利，它既不完整而且偏頗。相反的，如果只從死亡的角度來看人生，則又顯得虛無空寂。事實上，人在求生的歷程中，同時逐漸歸結於死亡；死亡應該成為莊嚴人生的一部分。因此，人必須認清生與死的完整意義，要在兩者之間看出精神生活的希望。

我們的教育，一向把焦點放在人生的發展上。重視生聚教訓，強調成功和成就，對於死亡教育一向疏視。於是，普遍不知珍惜生活和生命之美，感受不到慎終追遠的思古幽情，更忽略人生意義的探究與體驗。特別是對於絕症者或臨終者的照顧，尚未善盡應有的關懷。因此，我們有必要注意死亡的研究，重視死亡教育。它對於個人精神生活的成長，乃至文化的提升，都是積極而值得肯定的。

現在，我要就自己的體驗，對生與死提出兩點看法，相信對於參悟人生培養豪氣，有著決定性的影響。

人生的開悟

人對於死亡的懼怕，是由於對死亡的無知。

在禪者的眼裡，生與死亡可以超越，而且是必須超越的。那個扮演生同時又要扮演死的無相真我，若能從人生這個色相世界解脫出來，對於生與死的對立和矛盾意識，即刻消失，同時也對生命的真實有了完全的開悟。

人生的歷程，看來似是一個時間的問題。孔子說：「逝者如斯，不舍晝夜」，好像我們的生命是因為時間流逝才被牽動。事實上，是人的色身在生、住、異、滅的過程中變化，時間並沒有變動。所謂無常也只不過是現象界的事，非本體界的事。當我們能看出自己的真我時，會生病、會衰老死亡的軀體就像是外衣，而真我就是主人；主人總是要換衣裳的，生與死就是更衣換裝的事。然而一般人卻誤以為衣裳是主，真我是客，那就是顛倒之見了。因此，禪家把人生比喻做橋，把水比喻做時間，把真我比成走過橋的那個人，然後說：

人從橋上過，
橋流水不流。

當一個人對於生與死有了深度的開悟，就會把注意力放在「常」的角度，去接受那「無常」的現象，而樂於為無常付出承擔。他自己的真我也會從過去、現在、未來的三際中解脫出來，超越被時間緊縛的鎖鍊。他從色蘊的世界，看入無相的法界，得到自在的體驗。他對於生與死有著一體兩面的統整領悟。因此在臨終時，他們死得心平氣和，有安身立命之感，死與生是一般的莊嚴。

唐朝的洞山禪師，在臨終之前，就生死大事，對其弟子做了一次精采的說法。當時洞山臥病床上，有一位弟子問說：

「師父有病，是否還有不病的體呢？」

洞山答「有」，於是弟子又問：

「不病的體是否看得見師父呢？」

洞山回答說：

「是我在看他。」

弟子又問：

「不知老師怎樣看他？」

洞山說：

「當我看時，看不到有病。」

洞山禪師顯然已經參透了生與死的二分法，而那個不屬於生、不屬於死、不屬於有病、不屬於健康的真我，正是清淨莊嚴的如來。

不久前，我去醫院探望一位絕症患者。他是一位佛門弟子，但顯然已被病痛折磨得忘了自己平常參學的智慧。他那愴茫無望的眼神，加上無奈木然的表情，配上病痛的軀體，表現出一幅壞苦或苦苦的處境。經過幾次交談，當我們觸及到那「不生不滅」的話題時，他的眼神一亮，閃過希望的光芒。他發現往生極樂淨土的大願。我對他說：

「要安心念佛，躺在病榻不能行動就是閉關，含辛茹苦就是修行。子女不常在身邊反而清淨，孱弱的身軀是莊嚴的辦道場，醫院是金碧輝煌的寺宇，你要好好修行、好好念佛。七日念佛可以往生，何況你不只七日壽命呀！」

後來，我看到他真的承擔了病痛，他轉動了痛苦成為莊嚴的生命之歌。他知道再活不久，但卻知道珍惜死前的現成；他的精神生活改觀了。雖然不久就要死，但他將為莊嚴的往生而活下去，在病痛中看出新機。

經驗告訴我，人越是對死亡無知，就越會在死亡線上掙扎痛苦；家屬越想規避談死，病人就越會陷入死的恐懼陰影，或者陷入無奈的孤獨。死是生命的結局，應該被認真的討論，這有助於建立精神生活的價值系統，也有助於面對死亡時，展現從容的高貴態度。所以死亡學是應該被重視，而臨終的關懷和對絕症者的諮商，都應列入死亡教育的範圍。

愛惜人生

透過對死亡的了解，會使人更懂得珍惜人生，更知道生命的意義、責任和人性的慈愛之美。許多人一輩子沒有真正去愛人，有許多人從來沒有體驗過來此人間一趟，是有使命和責任的，更有人從來沒有依照自己的本質好好去過日子。而人總是在面對死亡時，才會去檢討這些問題，但換來的總是來不及也的懊喪。

人如果不接受死亡教育，就不知珍惜自己的人生。所以我很重視子女這方面的教育。當家族長輩逝世時，我會帶著他們回去奔喪。我們會圍著靈柩，撫著它說一段悼詞：

「你是我們敬愛的長輩，慈悲勇敢，勤勞的榜樣，承傳著祖先的拓荒精神。我們從你的表率中學到許多傳統之美。現在你已往生天國，我們永遠懷念你，你也會懷念這美好的人間之旅。祝福你在天堂幸福快樂。」

我們的悼詞是出自純真的懷念之情，子女自然得到許多人生的豐富體驗和啟發，學到慎終追遠的真實意義。

禪家教人參透生死大事，要人「大死一番，再活現成」，唯有參透死亡，才能實實在在的生活，承擔與之俱來的痛苦和責任。人生如果不肯面對苦，設法克服苦，是得不到真正快樂的。

所以禪家把生命的歷程稱為「古潭寒水」。

唐朝時有一位和尚問趙州禪師說：

「如何是古潭寒水？」

趙州說：

「味道很苦。」

和尚又問：

「那麼飲的人怎麼辦？」

趙州說：

「死去。」

趙州顯然是在說，只有深知死的意義的人，才有智慧和勇氣去承擔一切的挑戰和痛苦，而讓自己活得有尊嚴。

穆迪（Raymond A. Moody）醫生在一九七五年出版了一本叫《來生》（*Life After Life*）的書。他蒐集訪問了一五〇位死而復生的個案，進行臨死經驗的研究。他發現大部分的人都體驗到人死後，還有另一個「身體」存在與延續。而且會回顧自己的一生，回顧的重點就著重在做人的兩大要端：愛人和求知上。在我作臨終關懷和絕症病患者的諮商經驗中，也發現面對生命終極的人，都會回首前塵，一瞰自己人生的意義與價值。依我看，珍惜並參悟生死大事，顯然是人生極為重要的事實。因此，我們應關切生命永恒存續的問題，並對生與死的意義，作嚴肅的省思。

仔細查閱宗教經典的記載，佛家講「悲智雙運」，基督教講「愛與知識」，而儒家則講「仁智雙修」，在在都在提示人生的使命，必須建立在愛與求知、感情與理性的融合上。這些光明的生活智慧，是從生與死的參悟中方領悟得到，而人唯有肯為這生死大事付出代價時，他才能忍受一切遭遇，努力實現人生的使命。

人生如旅，旅行之後，終究要回老家、要死亡的。你在人間做客，行李無須貪得太多，簡單能用即可。輕便才是愉快旅行的裝扮，「生不帶來，死不帶去」，真正的問題是生活。因此，死亡教育有助於一個人培養正確的生之態度，回歸生活的本身，涵養悅樂的襟懷，讓自己展現人性之美。

懂得去追求生，知道珍惜自己，努力向上，這已經是很難得了。如果進一步參悟到死的意義，便能讓自己掌握生死大事，讓胸襟更開闊，生活更有豪氣。人生更有使命感，精神生活更加豐富化。事實上，人格的深處，是一個宗教的問題，生命的最深底蘊，必須由宗教來解答。但是，它不是思辨的哲學，不是證驗的科學，它是一個清醒的正信信仰所帶來的覺悟。